쉽게 암기하는 등기법
-보존등기 등을 중심으로

수학연구사

목 차

머리말

유기성의 눈을 가지고 보는 것은 어느 부분을 봐도 그게 어떤 부분인지 아는 것

결국 책을 보면서 유기성의 눈을 가지고 보는 게 수험생으로서 아주 중요하다. 즉 어느 부분을 보더라도 그게 어느 부분에서 어떤 역할을 하는지를 알고 보는 게 바로 유기성의 눈을 가지고 보는 것이다. 그런 게 된다면 책을 더 자신 있게 볼 수 있고, 보고나서 많이 남게 볼 수 있는 것이 된다.

이 부분이 이렇게 차이가 나는구나

본질에 대한 탐구는 결국 차이에 대한 탐구이다. 그러기에 책을 읽으면서 그것도 분석적으로 읽으면서, 아 이렇게 차이가 나는구나 하고 느껴지는 부분들을 잘 탐구해야한다. 아마도 그런 부분들이 강사나 교수님들의 강의 중에도 말은 하는데 그게 잘 귀에 들릴 정도의 내공이 안 되어서 안 들리는 부분인지도 모른다. 그런 부분들을 필자가 자세히 여러분들에게 제시를 한다.

이 책을 처음 읽는 독자들은 자연암기가 됨을 느낄 것이다

이 책을 처음 사서 그저 쉬는 시간에 조금만 읽기만 해도 어느 새인가 머리에 자연암기가 되어 가고 있는 것을 느낄 것이다.

인문사회과학적 접근

너무 공부에 대한 사항을 예를 들어서 법과목이라면 너무 법적으로 들어가니까 힘든거다. 그것을 인문사회과학을 동원하면 좀 더 쉽고 편하게 암기가 되어서 문제도 쉽게 풀고 실무에서도 잘 써먹는데 말이다.

인생도 가만히 있으면 죽듯이 학습도 연결 전진되지 않으면 죽는거다

우리의 인생과 몸뚱이는 유기체 아닌가? 그래서 움직이지 않으면 죽는 거다. 인생도 가만히 있으면 죽듯이 학습도 연결 전진되지 않으면 죽는거다.

입체감 있는 학습이 되게 노력하라

무엇을 하든지 입체적인 것은 접근하기가 힘들다. 책으로 밋밋하게 있는 평면도 힘든데 입체적으로 사고하고 하는 게 쉬울 리가 있는가? 그런데 그런 게 의미가 크다. 그런 것들이 힘들어서 그렇지 그게 이해가 되고 자신의 통달영역이 되면 아주 재미도 있고 흥미로우면서도 효율적이다. 이런 입체감 있는 학습법은 그야 말로 1차원을 넘어서 2차원도 넘고 날아다니는 3차원이니까 힘은 들어도 잘 되면 아주 보람 있는 학습법이 된다.

Part 1. 학습 포인트

1. 등기사항 증명서

-(근)저당권자는 그보다 앞선 순위에 있는 (근)저당권설정등기의 신청정보 및 첨부정보를 열람할 수 있으나, 그보다 나중의 순위에 있는 (근)저당권설정등기의 신청정보 및 첨부정보는 열람할 수 없다. 그렇게 하는 이유는?

최종원인적으로는

앞선순위의 (근)저당권설정보는 나에게 영향을 미치지만 뒤의 것은 영향을 미치지 않기에 그런 것이다. 즉 열람의 원칙은 불리한자에게 무기를 제공하기 위한 것이다. 후의 사람들에게 선순위자는 불리한 자가 아니기에 말이다. 다시 말해서 정당한 이해관계의 범위에 따른 제한이다. 등기정보(특히 신청정보 및 첨부정보)는 일반 공개되는 것이 아니라, 정당한 이해관계가 있는 자만 열람할 수 있도록 제한된다. 그러면 앞선 순위 등기 열람은 허용한다. 자기 권리(저당권)의 순위 및 효력에 직접적인 영향을 미치기 때문에 말이다. 예를 들어 앞선 저당권이 무효면, 자신의 저당권 순위가 올라갈 수 있다. 따라서 정당한 이해관계가 인정된다. 그래서 열람도 허용되고 말이다. 뒤 순위 등기 열람은 불허한다. 이유는 뒤에 생긴 등기는, 자신의 권리에 아무런 영향도 주지 않기 때문이다. 자신의 저당권이 먼저 설정된 이상, 그 뒤에 누가 어떤 등기를 하든 우선순위에 영향 없음 정당한 이해관계가 없다. 그래서 열람이 불허된다.

원문은 부동산등기 신청정보 및 첨부정보의 열람에 관한 업무처리지침 제정 2018. 8. 31. [등기예규 제1653호, 시행 2018. 8. 31.]

-부동산등기 신청정보 및 첨부정보의 열람에 관한 업무처리지침 제정 2018.08.31 [등기예규 제1653호, 시행 2018.08.31.] 에 따르면, 가등기에 대한 사해행위취소를 원인으로 하는 말소등기청구권을 피보전권리로 하는 가처분권자는 그 가등기의 신청정보 및 첨부 정보를 열람할 수 있다. 그 이유나 논리는?

최종이유적으로

왜 이 가처분권자에게 가등기 열람권이 인정되는가? 가처분권자는 실질적 권리 회복을 위한 소송을 준비하거나 진행 중이어서 그렇다. 사해행위취소를 청구하려면, 사해행위가 있었는지, 즉 채무자가 재산을 특정인에게 몰래 넘겼는지, 그 처분이 형식상 적법했는지 등을 파악해야 한다. 이를 입증하기 위해서는 해당 가등기 설정 당시의 자료(신청정보·첨부정보)가 꼭 필요하다. 가처분 결정은 법원이 "보전할 가치 있는 권리"를 인정했다는 의미이다, 가처분 인가가 됐다는 것은, 법원이 이미 해당 청구권의 존부와 긴급성을 일응 인정했다는 뜻이다. 따라서 가처분권자는 단순한 이해관계자 수준을 넘어서 그 가등기의 효력 및 정당성에 대해 다툴 실질적 지위에 있다.

그럼 비슷한 상황에서 가처분 결정이 없었으면, 결론이 다르게 나오는가? 결론이 달라진다. 가처분 결정이 없는 경우에는 원칙적으로 가등기 신청정보 및 첨부정보를 열람할 수 없다. 등기신청정보 및 첨부정보는 일반에 공개되지 않고, 정당한 이해관계를 가진 자만 열람할 수 있다. 가처분 결정이 없는 상태에서는, 해당 사람이 단순히 말소등기청구의 가능성만 가지고 있는 것이기 때문에, 법적으로 보호할 만한 '현재의 권리 또는 법률상 이익'이 있다고 보기 어렵다.

그러면 가처분 신청시는 그런 충분한 증거없이 이뤄진다. 그래서 오히려 그것을 확보하려고 가처분부터 걸고. 그 뒤에 소송준비를 하는 경우들도 있다.

2. 법인 아닌 사단 또는 재단의 등기신청

-법인 아닌 사단의 등기신청에 관한 업무처리지침 개정 2017.04.12 [등기예규 제1621호, 시행 2017.04.28.]에 따르면, 법인 아닌 사단이 등기신청을 하기 위해서는 신청서에 법인 아닌 사단의 대표자 또는 관리인의 성명, 주소 및 주민등록번호를 기재하여야 하고, 등기권리자일 경우에는 법인 아닌 사단의 부동산등기용등록번호를 기재하여야 한다. 여기서 주민등록번호까지 적는 것은 비법인사단이 의무자 일 때나 권리자 일 때 공히 적으라는 의미가 되는가? 특히 대표자 주민번호와는 어떻게 구별이 되는가?

최종이유적으로

등기부의 권리 귀속은 식별 가능성이 핵심이다. 등기권리자(예: 소유자, 지상권자, 전세권자 등)는 등기부에 법적인 권리 주체로 기재되며, 향후 권리 이전, 처분, 말소, 설정 등 등기행위의 기초가 되는 주체다. 그런데 "법인 아닌 사단"은 고유의 법인격도 없고, 주민등록번호 같은 고유번호도 없기 때문에 사단의 정확한 동일성 식별이 어렵다. 따라서 사단을 고유하게 식별할 수 있는 번호(=부동산등기용등록번호)를 반드시 붙여야 등기부상 동일한 사단인지 명확하게 판단 가능하다.

그러나 역으로 등기의무자일 때는 "새로 등재되지 않기 때문" 에 굳이 필요가 없다. 등기의무자는 등기부상 사라지는 주체이거나 그저 상대방(예: 양도인, 설정자)으로 등장하는 입장이다. 이 경우 등기상 새로운 권리귀속 관계가 발생하지 않기 때문에 등기부의 식별번호를 통해 새로운 주체를 기재할 필요가 없다. 따라서 등록번호 기재를 생략해도 등기행위에 지장이 없다.

특히 대표자/관리인의 인적사항과는 논리적 분리가 된다. 대표자나 관리인의 성명·주소·주민번호는 신청서를 작성할 때 그 사단의 행위주체로서 확인용이고, 이 정보는 사단의 식별이 아니라 대표권 존재와 실질 신청 주체의 적법성 확인에 쓰인다. 반면 부동산등기용등록번호는 등기부에 직접 '등장'할 권리자 명칭(=사단명)의 유일성을 부여하는 장치다.

-법인 아닌 사단의 등기신청에 관한 업무처리지침 개정 2017.04.12 [등기예규 제1621호, 시행 2017.04.28.] 에 따르면, 법인 아닌 사단이나 재단에도 임시이사의 선임에 관한 규정인 민법 제63조 의 규정을 유추 적용할 수 있다. 여기서 이 조항의 유추적용여부가 좀 뭔가 첨예하게 대립되는 부분이 있는가? 실익이 있는가?

최종이유적으로

판례의 결론은 관리필요성 때문에 유추된다고 본다. 그 각각의 논거는 다음과 같다.

유추 적용 긍정설은 비법인사단도 단체로서 활동하기 위해 '이사'에 상응하는 대표자관리인이 있다. 민법은 '법인'에 한정했지만, 사단법리 일반은 적용 가능하다. 단체 운영이 마비된 경우 구제 필요성 존재 반대로 부정설은 유추 적용 안 된다 (부정설). 민법 제63조는 명시적으로 '법인'에 한정하니 말이다. 비법인사단은 법인격이 없으며, 이사라는 제도 자체가 존재하지 않는다. 자율적 정관·총회 결정에 위임하는 것이 원칙이다. 다만 이렇게 해서는 외움에 좀 약하기에 추가로 암기도구를 사용한다.

최종암기적으로(1)

비법 임시-임시비번

임시로 설정한 비밀번호를 의미한다

최종암기적으로(2)

비법 임시-임시요리비법

임시변통으로 때울 수 있는 요리 비법을 의미한다. 비밀레시피 개념 속성레시피 개념이다.

-법인 아닌 사단의 등기신청에 관한 업무처리지침 개정 2017.04.12 [등기예규 제1621호, 시행 2017.04.28.] 에 따르면, 법인 아닌 사단이나 재단이 (근)저당권설정등기신청서에 채무자로 기재되어 있는 경우, 등기부에 그 사단 또는 재단의 부동산등기용등록번호나 대표자에 관한 사항은 기록할 필요가 없다. 왜 여기서 무슨 논리적 이유로 기록할 필요가 없다고 하나?

최종이유적으로

비법인사단이 채무자로 기재된 경우에도, 그건 등기사항이 아니기 때문에 부동산등기용등록번호나 대표자 정보를 등기부에 기재할 필요가 없는 것이다.

3. 토지거래허가제

-매도인의 사망 후에 매도인 명의의 토지거래계약허가증을 첨부하여 소유권 이전등기를 할 수 있는지 여부(적극) 제정 2005.03.11 [등기선례 제8-58호] 와 관련해서 토지 매매계약 후 매도인 명의의 토지거래계약허가신청서를 제출하였으나 매도인이 사망한 후에 토지거래계약허가증을 교부받은 경우, 상속인은 상속등기를 거칠 필요 없이 매수인과 공동으로 매도인 명의의 매매계약서 및 토지거래계약허가증을 첨부하여 피상속인으로부터 매수인 앞으로 소유권이전등기를 신청할 수 있으며, 이 경우 상속을 증명하는 서면과 함께 상속인의 위임장 및 인감증명을 첨부하여야 한다. (2005. 03. 11. 부등 3402-131 질의회답) 여기서 이렇게 간이하게 하는 것은 수긍은 가지만 별도의 다른 유사사례와 비교해서 이렇게 간이하게 해주는 취지가 따로 있는가?

최종이유적으로

토지거래허가는 사람에 내리는 허가가 아니라 대상이나 땅에 내리는 허가이기에 즉 단순한 "행위허가"이므로, 사망해도 매매 효력에는 영향이 없다. 토지거래계약허가는 단지 행정청의 사전허가일 뿐이고, 매매계약 자체는 허가를 조건으로 성립되는 유효한 법률행위이다. 매매계약의 효력은 허가와 동시에 소급적으로 확정됨 따라서 매도인이 허가 전에 사망했더라도 이미 매매가 유효하고, 상속인이 그 효력을 계승할 수 있다.

4. 인감증명

-부동산등기규칙 60조 ④ 제1항제4호부터 제7호까지의 규정에 해당하는 서면이 공정증서이거나 당사자가 서명 또는 날인하였다는 뜻의 공증인의 인증을 받은 서면인 경우에는 인감증명을 제출할 필요가 없다. 여기서 공정증서는 결국 민사집행법상의 채무명의가 되는 집행권원으로는 되기 힘들고 여기서처럼 그 사람의 진정의 의사를 파악하는 수단으로는 가능한 것이지?

최종이유적으로

부동산등기규칙 제60조 제4항: 제1항제4호부터 제7호까지의 규정에 해당하는 서면이 공정증서이거나, 당사자가 서명 또는 날인하였다는 뜻의 공증인의 인증을 받은 서면인 경우에는 인감증명을 제출할 필요가 없다. 즉, 진정한 의사에 의한 문서라는 점을 공증절차로 확인받았기 때문에, 별도의 인감증명서는 제출하지 않아도 된다는 의미다.

5. 등기신청의 각하

-29조 8호 위반은 신청정보와 등기원인을 증명하는 정보가 일치하지 아니하는 경우이다. 즉 법 29조 8호의 위반이다

1) 기본암기적으로

정보 아니 팔호 : 파로호: 파로호에 대한 등기원인정보와 신청정보가 일치하지 않는다고 봐야해

암기해설: 파로호가 이름이 하나 더 있는 관계로 뭔가가 일치되지 않게 처리가 된 경우이다.

2) 최종암기적으로

증명 정보 팔호-중령집팔러

중령의집에 초대받아서 들어간 응접실을 말한다.

3) 최종암기적으로

증명 정보 팔호-활어증명

숙성어가 아니라 활어임을 증명하는 표시이다. 중령의 집에 초대를 받아서 갔더니 그 응접실에서 활어를 내온다.

-각하결정 고지 전의 흠결보정의 효력 제정 1968.07.08 [등기예규 제124호] 에 따를 때, 등기신청이 즉일 보정되지 않는 한 각하하여야 하고 이를 고지할 때까지 보정되었다고 하여 이미 내려진 각하 결정을 내려지지 않은 것으로 돌릴 수는 없다. 왜 이렇게 가혹하게 하는가? 그런 실제적 이유는?

최종이유적으로

등기는 신청인외에도 제삼자에게 미치는 영향이 너무도 크기에 엄격해야 할 필요가 있다. 그래서 신청인 책임주의와 대비해서 생각해도 그렇다. 즉 신청인은 등기신청 시 완전하고 흠 없는 서류를 제출할 책임이 있다. 즉일 보정이 불가능했다면 그 책임은 신청인에게 있다. 법원이 아니라 '신청인에게 귀책사유가 있는 것'으로 판단한다. 따라서 가혹해 보여도 이는 등기의 예측 가능성과 신청주의 원칙을 위한 규율이다. 실제 실무에서 이 원칙이 적용되어도 신청인은 재신청 재접수를 하면 되니까 신청인으로서도 아주 불리한 것은 아니다.

6. 등기관의 부당한 처분에 대한 이의

-예규1689호에 따르면, 소유권이전등기신청을 각하하고, 제3자 명의의 근저당권설정등기를 수리한 이후, 각하한 결정에 대한 이의신청에 의하여 법원의 기재명령이 있는 경우에는 등기관은 기재명령에 따라 소유권이전등기를 할 수 있다. 여기서 어떤 점이 문제가 되고 그 결론의 법리는 무엇인가?

최종이유적으로

문제의 상황을 요약하면 A가 소유권이전등기를 신청하고 등기관은 그 신청을 각하했다. 이후, B 명의로 근저당권설정등기가 접수되어 수리되었다. 그 뒤 A가 앞서의 각하결정에 대해 이의신청을 하였고, 법원이 그 이의신청을 받아들여 소유권이전등기를 하도록 기재명령을 내렸다.

등기관이 이미 제3자(B)에게 근저당권 설정등기를 수리한 이후, 뒤늦게 내려진 법원의 기재명령(소유권이전등기)이 등기의 순위나 효력에 어떤 영향을 미치며, 등기관이 이에 따라 등기를 할 수 있는가? 뒤늦게 수리된 근저당권 설정등기보다 소유권이전등기가 우선순위를 가질 수 있다. 이것은 등기신청의 접수일 기준주의, 그리고 법원의 기재명령의 기속력(등기관은 기재명령에 따라야 한다는 원칙) 때문이다.

그러면 저당권자가 좀 억울해지지 않는가? 이 경우 저당권자(제3자)는 형식적으로는 적법한 절차를 거쳐 근저당권을 설정 받았는데 결과적으로는 소유권이전등기보다 후순위가 되어 실질적 손해를 볼 수 있게 된다. 그럼에도 불구하고 법이 그렇게 처리하는 데는 명확한 법리적 근거와 이유가 있다.

왜 저당권자가 억울해지게 되는가? 저당권자는 당시 등기부상 명의자(소유자)를 믿고 정상적으로 근저당권 설정등기를 했다. 하지만 등기관이 원래 잘못 각하했던 소유권이전등기가 법원의 기재명령으로 회복되면서, 결과적으로 그보다 후순위로 취급받게 된 것이다.

그럼 저당권자는 어떻게 보호받을 수 있는가? 국가배상청구 가능성 그리고 소유권자에 대한 민사상 책임을 추궁한다. 만약 소유권이전등기를 받은 자(A)가 저당권자를 속이거나, 부정한 방법으로 권리를 행사했다면, 민법상 불법행위책임이나 부당이득 반환청구 등이 가능할 수 있다.

7. 소유권보존등기

-직권보존등기의 요건 중에서 처분제한등기의 촉탁은 소유권에 관한 것이 있다. 여기서 소유권 외의 권리에 대한 처분제한등기의 촉탁이 있는 경우에는 직권으로 소유권보존등기를 할 수 없다고 하는 것은 보존등기의 성질 자체가 소유권에만 한하기에 그런 것인가?

최종이유적으로

맞다. 그것은 보존등기의 기본 성질이 소유권에 한하기에 그렇다.

-직권보존등기의 첨부정보 중에서 부동산 표시를 증명하는 서면을 제시하면서 민사집행법 81조의 규정에도 불구하고, 부동산의 표시를 증명하는 서면의 첨부는 생략할 수 없다. 이 말의 의미와 취지는?

최종이유적으로

법은 이러하다
제81조(첨부서류) ①강제경매신청서에는 집행력 있는 정본 외에 다음 각호 가운데 어느 하나에 해당하는 서류를 붙여야 한다. 〈개정 2011.4.12〉
1. 채무자의 소유로 등기된 부동산에 대하여는 등기사항증명서
2. 채무자의 소유로 등기되지 아니한 부동산에 대하여는 즉시 채무자명의로 등기할 수 있다는 것을 증명할 서류. 다만, 그 부동산이 등기되지 아니한 건물인 경우에는 그 건물이 채무자의 소유임을 증명할 서류, 그 건물의 지

번·구조·면적을 증명할 서류 및 그 건물에 관한 건축허가 또는 건축신고를 증명할 서류

②채권자는 공적 장부를 주관하는 공공기관에 제1항제2호 단서의 사항들을 증명하여 줄 것을 청구할 수 있다.

③제1항제2호 단서의 경우에 건물의 지번·구조·면적을 증명하지 못한 때에는, 채권자는 경매신청과 동시에 그 조사를 집행법원에 신청할 수 있다.

④제3항의 경우에 법원은 집행관에게 그 조사를 하게 하여야 한다.

⑤강제관리를 하기 위하여 이미 부동산을 압류한 경우에 그 집행기록에 제1항 각호 가운데 어느 하나에 해당하는 서류가 붙어 있으면 다시 그 서류를 붙이지 아니할 수 있다.

민사집행법 제81조 이 조항은 강제경매 신청서에 첨부해야 할 서류를 규정하고 있다.

1호: 부동산이 이미 등기된 경우, 등기사항증명서만 제출.

2호: 등기되지 않은 부동산인 경우에는:

채무자 명의로 등기할 수 있음을 증명하는 서류,

(건물인 경우) 지번·구조·면적·건축허가서 등 추가 서류 필요

즉, 민사집행법 제81조는 집행절차(강제경매 등)에서 필요한 첨부서류 요건을 규정하고 있는 조문입니다.

“직권보존등기”와 민사집행법 제81조의 관계: 여기서 중요한 포인트는 “직권보존등기”는 보존등기(즉, 최초 등기)를 법원이 직권으로 해주는 절차라는 것이다. 민사집행법 제81조는 강제경매 신청 시 필요한 서류 규정이다. 그런데 해당 문구는 “민사집행법 제81조 규정에도 불구하고” 라고 하면서 부동산의 표시를 증명하는 서면의 첨부는 생략할 수 없다고 말한다.

“직권보존등기”의 경우에도, 민사집행법 제81조에 따라 일부 첨부서류 생략이 가능한 예외가 있다 하더라도, 부동산의 표시를 증명하는 서면(예: 건물대장, 지적도, 건축물대장 등)은 반드시 제출해야 하며, 이 서류의 첨부는 생략할 수 없다는 뜻이다.

즉, 부동산이 등기되지 않은 경우라도, 그리고 민사집행법상 경매절차에서 예외적으로 첨부서류 생략이 가능한 경우라 하더라도, 보존등기라는 “등기의 본질적 요건”으로 인해, 부동산의 구체적 표시를 증명하는 서면은 반드시 첨부해야 하며 생략이 불가능하다. 법적 취지는 보존등기란 부동산이 등기부에 처음 등재되는 행위다. 따라서 등기부에 기재할 정확한 부동산의 물리적 정보(지번, 구조, 면적 등)가 입증 서 류로 명확히 존재해야 한다. 민사집행법상 예외(제81조 5항 등)가 있더라도, 보존등기의 본질(최초의 등기, 등기부 생성)의 특성상 생략은 허용될 수 없다.

8. 매매를 원인으로 하는 소유권의 일부이전등기

-잔금지급일 전에 매매를 원인으로 한 소유권이전등기의 가부 제정 2023.02.15 [부동산등기선례 제202302-3호] 에 따르면, 매매를 원인으로 소유권이전등기 신청 시에는 매매계약서를 등기원인을 증명하는 정보(「부동산등기규칙」제46조 제1항 제1호)로 제공하여야 하고, 이 계약서에는 대금 및 그 지급일자에 관한 사항이 기재되어 있어야 하므로(「부동산등기 특별조치법」제3조 제1항 제4호 참조), 부동산 매매계약서를 작성하고 부동산거래신고필증을 발급받은 후 잔금지급일을 변경한 경우, 원칙적으로는 변경된 잔금지급일이 기재된 계약서 및 그에 대한 부동산거래신고필증을 첨부정보로 제공하여야 한다(등기선례 3-98 참조). 이렇게 하려는 것은 잔금지급일이 어떤 엄격한 대상이어서 그런가?

최종이유적으로

잔금지급일은 소유권이전의 실질적 시기와 효력을 판단하는 중요 지표이기 때문에 등기신청 시 반드시 정확하고 실제와 부합해야 하며, 변경이 있었다면 그 변경을 반영한 계약서와 신고필증을 첨부해야만 한다. 그럼 왜 잔금지급일이 그렇게 중요한가? ① 소유권 이전의 시기를 정하는 핵심 기준이다. 민법상 매매계약은 쌍방 합의만으로도 유효하지만, 현실적으로 소유권은 대금 완납 시에 이전되는 것이 원칙이다. (특약 없는 한, 잔금지급 시점에 소유권이 이전됨) 따라서 잔금지급일은 실질적 소유권 이전 시점이다. 이를 기준으로 소유권자, 과세, 위험부담, 점유권 등을 판단을 판단한다. ② 등기신청 요건의 '등기원인일'과 밀접히 연결된다. 등기신청 시 반드시 '등기원인'(매매)과 그 '일자'를 명시해야 한다. 이때 '일자'는 통상 잔금지급일로 본다. 등기원인일자가 잘못 기재되면 등기 자체가 무효 또는 부적법해질 수 있다 ③ 부동산거래신고와도 연동되어 있다. 「부동산 거래신고 등에 관한 법률」상, 실제 거래일(잔금지급일 포함)을 기준으로 거래신고를 하도록 되어 있다. 만약 계약서를 고쳐 잔금일을 바꿨다면, 부동산거래신고 내용도 변경신고가 필요하다. 이 변경신고에 따른 신고필증을 등기 첨부정보로 제출해야 한다. 그래서 등기와 거래신고의 일치성도 확보하려는 목적이다 ④ 위·변조 방지 및 부정 등기 차단 목적. 잔금일이 다르게 기재된 계약서를 이용해 소급된 등기, 허위등기, 편의등기 등을 시도할 위험이 있다. 이를 방지하기 위해 계약서 상 잔금일과 신고필증 내용이 일치해야만 등기가 가능하다.

9. 진정명의회복을 원인으로 한 소유권이전등기

-진정명의회복을 위한 소유권이전등기의 확정판결에 의하여 소유권말소등기가 가능한지 여부(소극) 제정 2001.12.26 [등기선례 제7-226호]에 따르면 갑·을간의 진정명의회복을 위한 소유권이전등기청구소송에서 승소확정판결을 받은 갑은 위 확정판결에 의하여 현재의 등기명의인인 을의 소유권이전등기에 대하여 말소등기신청은 할 수 없다. 이전등기만 되지 말소는 안 된다고 하는 것인가? 그 이유는 무엇인가?

최종이유적으로

진정명의회복을 위한 소유권이전등기청구소송에서 승소한 경우, 판결은 '갑 명의로 소유권이전등기를 하라'는 것을 명하는 것이지, 현재 등기되어 있는 '을 명의 소유권 등기'를 자동으로 말소하라는 명령은 아니다. 이유는 다음과 같다. 말소등기는 '현존 등기의 말소'라는 별도의 절차와 권한이 필요하다. 소유권이전등기만 확정판결로 명령되었을 뿐, 말소등기에 관한 별도 명령이 없으면 등기부상에 존재하는 '을' 명의의 등기는 그대로 남아있게 된다. 소유권 이전등기와 말소등기는 등기법상 별개의 절차라서 이전등기는 새로운 소유권자를 등기부에 올리는 것이고, 말소등기는 기존 등기(을의 명의)를 제거하는 것이지만, 판결에서 말소명령이 명시되지 않으면 말소등기를 할 수 없다. 진정명의회복판결이 '소유권이전등기'를 구하는 것이지, '말소등기'를 직접 구하는 것이 아니다. 말소등기는 별도로 신청하거나, 추가적인 법적 절차가 필요하다.

법적 안정성과 공신력 유지 때문이다. 등기부는 공시 기능을 하기 때문에,

갑자기 '을' 등기가 말소되면 제3자가 혼란스러울 수 있고, 말소는 신청과 증빙, 필요 시 법원의 별도 명령을 통해 진행하도록 엄격히 관리된다. 실제로는 어떻게 하느냐? 갑이 판결문 첨부해 이전등기 신청해서 등기를 완료하면 을의 명의 말소는 별도 말소등기 신청이 필요하다. 통상 을 또는 갑이 말소 신청하거나, 법원에서 명시적으로 말소 명령을 내려야 한다.

원문은 (2001. 12. 26. 등기 3402-843 질의회답) 참조판례 : 대법원 2001. 9. 20. 선고 99다37894 전원합의체 판결

-소유권이전말소등기청구권보전의 가처분등기 후 마쳐진 진정명의회복을 원인으로 한 소유권이전등기의 말소등기절차 제정 2018.06.27 [부동산등기선례 제201806-5호] 에 따르면 갑에서 을로, 을에서 병으로, 병에서 정으로 순차 각 소유권이전등기가 마쳐진 부동산에 대하여 사해행위취소로 인한 소유권이전등기말소등기청구권을 피보전권리로 한 A 명의의 처분금지가처분등기가 마쳐진 다음 정에서 갑으로 '진정명의회복'을 원인으로 한 소유권이전등기가 마쳐진 경우라도 본안소송에서 승소확정판결을 받은 A는 이 판결에 의하여 단독으로 정 명의의 소유권이전등기의 말소등기를 신청하면서 가처분등기 이후에 마쳐진 갑 명의의 소유권이전등기의 말소등기도 함께 신청할 수 있다. 여기서 전제가 되는 어떤 법률적 관계가 당사자 간 문제가 되어서 결론이 논해지나?

최종이유적으로

전제가 되는 법률적 관계 두 개가 겹치고 충돌한다. 즉 1. 처분금지가처분

이후의 등기의 효력 관계 즉 A는 사해행위취소로 인한 소유권이전등기말소 청구권(피보전권리)을 보전하기 위하여 처분금지가처분등기를 경료했다. 이 처분금지가처분등기 이후에 '정 → 갑' 명의로 소유권이전등기가 이루어졌다. 이 경우, 갑 명의의 등기는 처분금지가처분에 반하여 부동산의 처분금지 효력을 위반하여 이루어진 등기로서, 그 대항력이 없거나 무효인 등기가 될 수 있다는 것이 전제다. 처분금지가처분 이후에 이루어진 소유권이전등기는 그 처분금지가처분의 효력을 해하지 못하며, 이에 반하는 등기는 말소의 대상이 될 수 있다. 그런데 그게 진정명의회복을 만나면 어찌 되냐이다. 그래서 2. 정 → 갑 명의의 등기는 진정명의회복을 원인으로 하는 등기다. 진정명의회복등기는 소유자가 아닌 자 명의의 등기가 있을 때 실소유자가 자신의 명의로 회복하기 위한 것으로, 실체관계를 반영하는 등기다. 그러나 처분금지가처분등기 후에 이루어진 진정명의회복등기는 가처분의 효력을 침해하지 않는 범위 내에서만 유효할 수 있다. 따라서 A가 본안소송에서 승소하여 사해행위 취소가 확정된 이상, 가처분 이후의 갑 명의 등기도 말소되어야 할 대상이 된다.

그럼 왜 진정명의회복인데도 구제를 못 받는 것은 중간에 여서 정이 문제를 일으킨 행동을 해서 그런가? 정확히 말하면 진정명의회복등기라 하더라도 "절대적 무조건 보호"는 아니다는 것이 이 사안의 핵심이며, 정이 문제를 일으킨 행동을 했거나, 정의 등기가 가처분 이후에 이루어진 것이기 때문에 제한이 따른다. 일반적으로는 진정명의회복등기는 적법하고 정당한 등기로 인정되고, 그 자체로 무효가 되지는 않는다. 그런데 왜 이 사건에선 진정명의회복등기가 말소될 수 있나? ① 처분금지가처분 이후에 이루어졌기 때문이다. ② 정이 문제를 일으킨 것(사해행위에 가담)이다, 더불어 이 사건에서는 A가 사해행위취소소송에서 승소했다. 이 말은 병 → 정으로의 이전이 채권자 A를 해하기 위해 이루어진 사해행위라는 뜻이다. 즉, 정은 사해행위에 가담하거나 최소한 수익자인 셈이고, 그런 정을 통해 다시 갑이 등기를 회복했다면, 그 등기도 결국 사해행위의 연장선에서 보게 된다.

10. 공유물분할과 등기

-부기등기의 순위는 주등기에 따른다. 이 말은 부기등기가 그 순위번호뿐만 아니라 접수번호에 있어서도 그 기초가 되는 주등기에 따른다는 뜻으로 새겨야 한다. 접수번호에 있어서의 어떤 면에 부각을 해서 이런 이야기를 하는가?

최종이유적으로

접수번호란? 등기신청이 등기소에 접수되면 그 등기에 고유한 번호(접수번호)가 부여된다. 이 접수번호는 등기의 순위(우선순위)를 정하는 중요한 기준이다. 일반적으로 접수번호가 빠른 등기가 먼저 성립된 것으로 본다. 그런데 부기등기는 완전히 주등기와 밀착이 되기 때문에 거기에 접수번호가 있어도 개의치 않고 주등기의 접수번호에 종속이 된다는 의미로 평가한다. 예를 들어 저당권설정등기(주등기)가 있으면, 그에 따른 근저당권의 이전, 변경, 말소 등이 부기등기다. 부기등기는 독립된 등기가 아니고 주등기의 효력범위 내에서만 효력을 가진다.

11. 합유에 대한 등기

-합유자 명의 방식으로 된 것을 종중명의로 할 때는 소유권이전등기를 해야 한다. 결국 이럴 때는 명의자변경 등기 아니면 소유권이전등기이고 이것은 그래서 소유권이전등기를 할 수밖에 없는가?

최종이유적으로

합유자 명의에서 종중 명의로 변경할 때, 이는 단순한 명의변경이 아니라 법률상 "소유권이전등기"로 처리되어야 한다. 즉, “명의자 변경 등기”로는 불가능하며, “소유권이전등기”만이 허용되는 방식이다. 즉 단순한 명의변경 등기 방식은 허용되지 않는다. 그 이유는? ① 등기제도는 "등기명의인 = 권리자" 원칙이다. 합유자 명의로 등기된 상태에서는 법률상 권리는 “합유자 공동”에게 귀속되어 있다. 종중은 법률적으로는 별개의 권리주체이다. 종중이 법인격은 없더라도 독립한 재산 귀속 주체로 인정된다. 그러므로 단순히 "이름만 바꾸는 것"처럼 보여도, 실제로는 소유권 귀속 주체가 바뀌는 것이다. 즉, 소유권이전으로 봐야 한다. ② 합유 → 종중은 “주체 변경”이므로 권리변동이다. 합유는 특정한 사람들(예: A, B, C)의 공동소유, 종중: A, B, C의 집단 전체에 소속된 공동체적 조직이다. 이 두 개는 동일한 법적 주체가 아니기 때문에 "합유자들 → 종중"으로 귀속이 바뀌면 소유권도 바뀌는 것이다. 따라서 필수적으로 소유권이전등기 형식으로 신청해야 한다. 신청서에는 “이전 원인”을 정확히 기재하여야 한다. (예: 증여, 포괄승계, 합의 등)

다만 이런 문제가 나오면 이게 소유권이전이야? 하고 좀 무겁게 생각해서 아닌 게 답이겠지 하고 생각할 수 있는데 이 경우 생각해볼 양식이 결국 소유권 이전 아니면 명의변경 밖에 없다고 정확히 파악하면 '아 그럼 명의변경은 아니겠구나'하고 가면 된다.

-합유등기의 사무처리에 관한 예규 제정 1998.01.14 [등기예규 제911호]에 따르면 합유자 중 일부가 나머지 합유자들 전원의 동의를 얻어 그의 합유지분을 타에 매도 기타 처분하여 종전의 합유자 중 일부가 교체되는 경우에는 합유지분을 처분한 합유자와 합유지분을 취득한 합유자 및 잔존 합유자의 공동신청으로 「○년 ○월 ○일 합유자 변경」을 원인으로 한 잔존 합유자 및 합유지분을 취득한 합유자의 합유로 하는 합유명의인 변경등기신청을 하여야 하고, 이 경우 합유지분을 처분한 합유자의 인감증명을 첨부하여야 한다. 여기서 오답으로 합유지분 이전등기는 아니다 라고 나온다. 그럼 합유지분 이전등기란 없는가? 있는가?

최종이유적으로

합유지분 이전등기란? 합유 상태에서 특정 합유자가 자기 지분을 타인에게 매도하는 경우, 일반적으로는 '지분이전등기'가 맞다. 즉, 특정 합유자의 지분을 다른 사람에게 이전하는 것이다. 하지만 등기예규 제911호에서는 합유자 중 일부가 지분을 처분할 때, "합유자 변경"이라는 특별한 원인을 기재한 공동신청에 의한 '합유명의인 변경등기'를 하도록 규정한다. 즉, 단순히 '합유지분 이전등기'가 아니라, 잔존 합유자들과 새 합유자가 공동으로 신청하는 '합유명의인 변경등기'가 필요하다고 본 것이다.

왜 ‘합유지분 이전등기’가 아니라고 하나? 등기부 상에서 합유지분이 독립적으로 기재되는 것 이 아니라, ‘합유’ 자체가 등기부에 표시되며, 합유자 명단 자체를 변경하는 것을 중시하기 때문이다. 즉, “지분 일부 이전”을 ‘지분이전등기’라고 단순히 처리하지 않고, “합유관계 자체의 변동으로 보고 ‘합유명의인 변경등기’라는 별도 절차를 요구”하는 것이다.

그러면 이 사고는 지분이 아닌 것은 아니지만 크게 보면 합유가 한 덩어리라서 큰 판이 바뀌기에 지분으로 안보고 그냥 명의인등기라는 표현을 쓴다는 것인가? 그렇다. 합유는 단순한 ‘지분 이전’이 아니라, ‘합유자 전체 명단’이 바뀌는 문제이기 때문에 작은 지분 이동이라도 ‘합유자 명의인 변경등기’라는 형태로 처리하는 거다. 즉, 지분 일부가 이전된다고 해도, 등기부상 ‘합유’ 자체가 한 덩어리로 묶여 있어서 합유 구성원이 바뀌는 큰 변화로 보기 때문이다. 그래서 ‘지분이전등기’라고 단순히 하지 않고, ‘합유명의인 변경등기’로서 전체 합유자 현황을 새로 기재하는 방식으로 다루는 것이다. 한마디로, “지분은 실제로 이전되지만, 등기상으론 합유라는 큰 틀에서 명의자를 ‘전체적으로’ 바꾸는 것으로 보는 것” 이라고 할 수 있다.

-합유등기의 사무처리에 관한 예규 제정 1998.01.14 [등기예규 제911호]에 따르면 합유자 중 일부가 나머지 합유자들 전원의 동의를 얻어 그의 합유지분을 타에 매도 기타 처분하여 종전의 합유자 중 일부가 교체되는 경우에는 합유지분을 처분한 합유자와 합유지분을 취득한 합유자 및 잔존 합유자의 공동신청으로 「○년 ○월 ○일 합유자 변경」을 원인으로 한 잔존 합유자 및 합유지분을 취득한 합유자의 합유로 하는 합유명의인 변경등기신청을 하여야 하고, 이 경우 합유지분을 처분한 합유자의 인감증명을 첨부하여

야 한다. 그러면 여기서 합유명의인 변경등기는 말은 명의인 변경인데 표시 변경 같은 가벼운 의미로 쓰인 게 아닌 개념인가?

최종이유적으로

그렇다. 여기서 말하는 '합유명의인 변경등기'는 단순한 명의변경이나 표시 변경 같은 가벼운 개념이 아니다. 합유는 '여러 명이 하나의 권리를 공동으로 가진 상태'를 말하는 것이다. 그래서 합유자 중 일부가 교체되면, 전체 합유자의 구성이 달라지는 중요한 변화가 발생한다. 단순한 '명의변경'이나 '표시변경'과 달리 등기부 상의 합유자 명단 자체가 새롭게 다시 작성되는 의미다. 즉, 새로운 합유관계가 성립하는 것으로 보아야 한다. 따라서 '합유명의인 변경등기'는 단순히 '이름만 바꾸는' 가벼운 변경이 아니라, 합유 구성원이 새로워지는 중요한 등기절차다.

12. 신탁에 관한 등기

-공익신탁법에 따른 공익신탁에 대하여 신탁등기를 신청하는 경우에는 법무부장관의 인가를 증명하는 정보를 첨부정보로서 제공하여야 한다

여기서 중요한 것은 공익과 법무, 인가 이 3가지일 것이다. 그래서 이것을 품은 라임을 가지고 보강암기한다. 공익의대변인검사-인검은 인가와 음가가 유사하고 변이 법과 유사한음가를 가진다.

-등기예규 1694호 1 다 (5) 에서 신탁법 제 3조 1항 3호에 따라 신탁의 목적, 신탁재산 수익자등을 특정하고 자신을 수탁자로 정한 위탁자의 선언에 의한 신탁등기를 신청하는 경우에는 공익신탁법에 따른 공익신탁을 제외하고는 신탁설정에 관한 공정증서를 첨부정보로 제공해야 한다. 그 논리는? 그리고 공익신탁은 그러면 어쩌라는 것인가?

최종이유적으로

신탁법상 신탁은 다음 세 가지 방식으로 설정할 수 있다 1〉신탁계약: 위탁자와 수탁자 간의 계약 2〉유언: 사후 유언으로 설정 3〉위탁자의 단독 선언: 위탁자가 자신을 수탁자로 지정하고 신탁의 내용을 선언하는 경우. 이중에서 3번 방식이 가장 내부 통제가 약하고 자의적 오용 가능성이 높다.

논리적 이유로서 왜 공정증서를 요구하는가?를 보면 위탁자 단독 선언의

진정성 확보를 위한 것이다. 위탁자가 혼자서 신탁을 설정하고 자신을 수탁자로 지정하는 경우, 외부 검증 없이 신탁등기를 신청할 수 있어 남용 우려가 크다. 따라서 공정증서라는 공적 절차를 통해, 신탁의 내용과 의도, 신탁재산, 수익자 지정의 명확성 등을 공적으로 확인할 필요가 있다. 공정증서는 공증인이 작성하는 문서로, 진정성과 법적 효력을 강하게 인정받는 자료다.

-공익신탁은 그러면 자신을 수탁자로 정한 위탁자의 선언에 의한 신탁등기를 신청하는 경우에는 공익신탁법에 따른 공익신탁에서는 어떻게 되나? 공정증서를 첨부정보로 제공해야 한다. 그 논리는?

최종이유적으로

공익신탁은 공정증서를 요구하지 않는다고 볼 수 있다. 공익신탁은 별도 법률(공익신탁법)의 규율을 받는다. 공익신탁법 제2조 등은 공익신탁에 대해, 수탁자의 자격 요건, 감독 기관의 관할, 수익자나 공익 목적의 승인, 재산 운용 및 보고 의무 등을 엄격하게 규제한다. 이러한 공적 통제를 받는 구조에서는 공정증서를 통한 별도 진정성 보강이 굳이 필요하지 않다고 본 것이다.

공익신탁은 위탁자의 선언만으로 성립하지 않으며, 반드시 행정기관의 사전 승인 또는 신고를 전제로 한 설정이어야 한다. 결론적으로 공익신탁은 사실상 "위탁자의 선언에 의한 신탁"이 불가능하다. 따라서 이론상으로는 신탁법상 위탁자의 선언 방식이 존재하지만, 공익신탁에서는 공익신탁법의 특수한 요건 때문에, 위탁자의 단독 선언으로 신탁이 성립하는 방식은 허용되지 않는다.

13. 지역권에 관한 등기

-지역권은 요역지 소유권이 이전되면 당연히 이전되며, 요역지의 소유권이전등기가 있으면, 지역권의 이전등기가 없이도 지역권이전의 효력이 생긴다. 왜냐하면 법률의 규정에 의한 부동산 물권의 취득이기 때문이다. 왜 이걸 법률의 규정이라고 보는가와 승역지는 소유권이전등기가 있으면 어찌되나?

최종이유적으로

“왜 요역지 소유권이 이전되면 지역권도 이전되는가?”왜 이걸 “법률의 규정에 의한 물권의 이전”이라고 보는 이유는 어찌보면 이게 등기되어야 성립되고 그러면 그게 소유권이동이 있어도 당연히 이전되는 당연한 것인데 딱히 달리 할 말이 없으니 법률의 규정에 의한 이동이라고 한다. 물론 법률에서 다르게 규정했더라면 달라질 터인데 다르게 규정될 이유가 딱히 없다. 즉 종된 권리로서의 지역권은 소유권이전과 함께 옮아간다. 지역권은 독립된 권리이긴 하지만, 요역지의 소유자에게 귀속되는 '종된 물권'이다. 그래서 요역지 소유권이 이전되면, 지역권도 당연히 새로운 소유자에게 이전된다. 민법 제291조는 지역권은 요역지의 소유권에 부종하여 이전한다. 그렇게 명확히 규정한다.

같은 논리로 “승역지의 소유권이 이전되면 지역권은 어떻게 되는가?” 그것도 마찬가지이다. 그러니 그것을 별개로 생각할 필요가 없고 시험지문에서 승역지 요역지 한쪽만 출제가 되어도 어디는 되고 어디는 안 되고로 해서 볼 필요는 없다.

혹 어디서 해설에 등기 없으면 제3자에게는 대항하지 못한다고 (민법 제187조) 이렇게 적혀 있어도 이것은 당연한 이야기를 하는 셈이다. 이렇게 말하는데 지역권에 있어서 등기는 필수 요소이기에 말이다. 그래서 이 상황은, 사실 "지역권이 적법하게 성립되지 않은 것"에 더 가깝다. 그럼 결론적으로 요역지나 승역지나 소유권이동이 있으면 다 그냥 옮겨진다.

-요역지의 소유자가 승역지의 공유자 중 일부인 경우 지역권설정등기를 신청할 수 있는지 여부(소극) 제정 2018.03.22 [부동산등기선례 제201803-6호] 에 따르면 지역권은 타물권으로서 자신의 소유물에 성립할 수 없는데, A토지의 공유자 중 일부가 B토지를 소유하는 경우에 B토지의 소유자들은 A토지의 공유자들로서 이미 A토지의 전부를 지분의 비율로 사용, 수익할 수 있는 지위에 있으므로, A토지를 B토지의 편익에 이용하기 위하여 지역권을 설정하는 등기를 신청할 수 없다. 여기서 결국 소유자가 중복이 되어서 안 된다고 하는 것인데 그 관계가 정확히 어떻게 되는가?

최종이유적으로

지역권은 특정 토지(요역지)의 편익을 위해 다른 사람 소유의 토지(승역지)를 일정 범위 사용·수익할 수 있는 권리이다. 따라서 "타인의 토지"에만 설정 가능 민법 제291조도 이를 전제로 한다. 즉, 자기 소유 토지에는 원칙적으로 지역권 설정이 불가능하다. X가 요역지와 승역지를 동시에 소유하면 즉, 요역지와 승역지 간에 '소유자가 중복'되는 상태가 된다. 왜 문제인가? 이 상황에서 A토지(요역지)에 B토지(승역지)에 대한 지역권을 설정하면 X는 A토지의 공유자이므로 요역지에 대한 권리를 갖고 있고 동시에 B토지의 단독소유자이므로 승역지에 대한 권리를 갖고 있는다. 자기 땅(B토지)에 대해 지역권을 설정하는 것이 되어 위법, 즉 자기 땅이면 그냥 사용하면 되는데 왜 지역권을 하는가의 사고이다.

이런 질문도 가능하다. 공유자인 X 는 완전한 소유권은 아니고 공유이니 가능한 거 아닌가 하고 말이다. 그러나 그것도 공유자인 X는 A토지 전체에 대해 사용·수익할 수 있는 권리가 있으므로 굳이 별도로 B토지를 통해 A토지를 사용하려는 지역권은 법적으로 불필요하다.

그러면 결국 여기서는 공유자중 다른 자들만 지역권이 가능하다고 해야 정답? 그렇다. 해당 사안에서 지역권을 설정하려면, 승역지의 소유자인 공유자를 제외한 나머지 공유자들만 요역지 소유자로서 등기상 신청할 수 있다.

14. 공장저당권

-공장저당목록의 제출, 변경 및 보존 등에 관한 등기사무처리지침 개정 2012.08.01 [등기예규 제1475호, 시행 2012.08.11.] 에서보면 목록의 변경등기를 함에 있어서는 목록을 전부 폐지하고 일반 저당권으로 변경등기를 하는 경우 외에는 을구 사항란에 부기에 의한 변경등기를 하지 아니한다. 여기서 목록의 변경등기는 어떤 취지의 등기이길래 목록을 전부 폐지하라고 나오는가? 일반저당권으로의 변경이 무슨 의미를 가지기에 변경등기를 하지 않는다고 하는가?

최종이유적으로

왜 일반저당권으로 변경되는 경우에는 '부기변경등기'를 하지 않는가? 질문은 사실 하나로 연결된다. 바로 "공장저당이 더 이상 공장저당으로서 성립할 수 없는 경우"에 대한 처리 방법이다. 이를 위해 등기부 외에 '공장저당목록'이라는 별도의 문서가 첨부되고 보관된다.

목록 변경등기의 의미는 공장저당 '목록'은 저당권의 담보범위(목적물)를 구체화하는 문서다. 그래서 목록이 바뀌면, 실질적으로는 저당권의 목적이 바뀌는 것이고 이는 일종의 저당권 변경등기로 다루어진다. 그럼 왜 "전부 폐지와 일반저당으로 변경"이 필요한가? 바로 공장저당으로서의 요건을 더 이상 갖추지 못하게 된 경우다. 예를 들어 목록에서 공장으로서 필수적인 요소(예: 기계장치, 부속토지 등)가 빠져버려서 더 이상 ' 공장'으로 볼 수 없는 경우, 즉, '일괄담보'라는 공장저당의 본질을 상실하게 된 경우이다. 그런 경우 이제 이 담보는 공장저당으로서 존속할 수 없고 일반저당(민법상 저당권)으로 전환해야 한다. 이때는 '공장저당의 목록'을 보존하거나 부기등기로 변경해선 안 되고, 목록을 전부 폐지하고 일반저당권으로 본등기 형태로 새롭게 등기해야 한다.

목록의 변경등기는 단순한 변경등기도 있지만 여기서는 법6조의 등기는 아주 심각한 등기인가? 여기서 말하는 「공장저당법」 제6조에 따른 등기, 즉 "목록의 변경등기"는 단순한 기재사항 정정이나 기술상의 변경이 아니라, 공장저당의 실체와 효력에 중대한 영향을 미치는 등기다. 공장저당법 제6조만 보면 공장저당권의 목적에 속하는 기계기구의 추가 또는 변경이 있을 때에는, 그 사실을 지체 없이 등기하여야 한다. 이렇게 되어 있다. 즉, 이는 공장저당목록에 기재된 기계기구나 부속설비의 변동이 생겼을 때의 조치다. 그런데 이 문언으로는 그냥 단순한 것도 있고 복잡한 것도 있고 하자만 그게 차이가 난다.

왜 중요한가? 단순한 '기계 바꿨어요' 수준이 아니다 단순한 것이면 부기등기를 하거나 아니면 등기생략을 해도 되기에 그래서 적힌 것과는 달리 일반저당으로의 전환 등은 아주 위중한 경우에 해야 한다 목록에 기재된 기계기구의 현황이 바뀌면, 저당권의 담보 대상이 실질적으로 변하고, 이는 곧 담보의 효력범위, 즉 저당권의 목적 자체가 달라지는 것이다. 따라서 목록의 변경등기는 단순한 부속기재 변경이 아니라, 공장저당권의 실체적 효력과 범위를 조정하는 중대한 등기다.

실무에서의 파급효과를 보면 1. 공장성 요건 상실 시 기계기구가 대량 처분되거나 철거되어 더 이상 '공장'으로 인정되지 않는 경우는 공장저당으로 존속 불가능해서 목록을 전부 폐지하고 일반저당으로 변경등기한다. 공장저당권의 소멸 내지 변질로 간주한다. 2. 기계기구 일부 변경 및 추가/교체/삭제 등으로 실질적 공장성 유지된다. 이 경우는 기존 공장저당권 존속 가능. 부기등기 방식으로 목록을 변경한다.

즉, 조문상으로 보면 모든 변경에 대해 등기 의무가 있는 것처럼 보인다. 그러나 실무상 구분: "단순 변경" vs "중대한 변경"이렇게 나눠진다. 실무에서는 조문을 기계적으로 적용하지 않고, 공장저당권의 본질에 영향을 주는지 여부에 따라 구분해서 처리한다.

15. 부동상거래계약신고필증과 매매목록정보 등의 거래가액등기 등

-둥기원인이 매매라고 해도 그 원인증서가 판결서일 때는 거래가액을 등기 하지 않는다. 즉 등기예규 1633호에 따르면 거래가액등기의 대상에서 등기 원인이 매매라고 하여도 등기원인증서가 판결. 조정조서라면 거래가액등기를 하지 않는다. 그 논리적 이유는?

배경을 설명하면

거래가액등기란? 부동산 실거래가를 등기부에 기재하여 시장 투명성과 세무 행정의 기초자료로 삼기 위함이다. 즉, 실제 거래를 통해 형성된 금전적 가치(가격)를 공개하기 위한 제도이다. 따라서 거래가액등기는 실제 금전 거래가 수반된 자주적 계약에서만 의미를 가진다.

최종이유적으로

그런데 '판결', '조정조서'는 자주적 매매가 아니다. 등기원인이 '매매'라고 기재되어 있더라도 실제 계약서가 없고, 판결이나 조정조서에 따라 등기가 이뤄지는 경우는 다음과 같은 사유다. 즉 매매계약 자체는 과거에 있었으나, 당사자 간 다툼이나 불이행으로 법원이 개입한 경우, 판결 등 법원이 당사자 주장·입증을 통해 일방 소유권을 인정한 경우 (사법상 강제 인정), 조정조서 당사자가 법원에서 화해하거나 조정한 결과 (실제 계약보다 조정 의사가 우선) 로서 이 경우에는 시장에서의 자유로운 가격형성이 있었다고 보기 어렵다.

-분양계약의 경우에 소유권이전등기를 할 때 거래가액과 관련해서는 최초의 피분양자로부터 그 지위 전체가 갑에게 증여로 이전된 경우에는 거래가액을 등기하지 않는다. 그 실질적 이유는?

최종이유적으로

등기실무에서 "분양계약상의 지위 전체가 증여로 이전된 경우에는 거래가액을 등기하지 않는다"고 하는 이유는, 거래가액등기의 취지와 증여의 본질을 함께 고려한 실질 판단 때문이다.

분양계약상의 지위가 '증여'로 승계된 경우에는, 실제 금전거래(유상거래)가 수반되지 않았기 때문에 거래가액등기의 대상이 아니다. 이는 실거래가 등기의 기본 취지인 실제 유상거래 가격의 공개와 세무자료 제공이라는 목적에 맞지 않기 때문이다.

분양계약 지위가 갑에게 증여로 이전된 경우, 이는 실제 금전거래가 없는 무상행위이므로 거래가액등기의 대상이 되지 않는다. 그래서 기록도 거래가액없음 이라고 등기가 된다. 이것은 최초로 분양받은 사람의 실거래가가 있기에 이렇게 하는 것인가? 그렇다. 최초 분양 시에는 피분양자와 시행자 간 유상거래가 있었고, 이때의 실거래가는 분양계약서, 실거래신고를 통해 이미 공적 자료로 확보된다. 이후의 지위 이전이 무상(증여)일 경우에는 추가적인 실거래가가 존재하지 않기 때문에, 거래가액등기를 다시 할 실익도, 필요도 없다.

-등기예규 1633호 2 나 (1) 2 에 따르면 신고필증에 기재되어 있는 부동산이 1개라고 하더라도 수인과 수인사이의 매매인 경우에는 매매목록을 제공해야 한다. 그 이유는?

최종이유적으로

단순히 등기절차의 형식을 지키기 위한 것이 아니라, 거래의 구조(수인-수인 거래)상, 각자의 지분관계나 대가관계가 복잡하여 그 내용을 명확히 하지 않으면 실거래가 정보로서 기능하지 않기 때문이다. 부동산이 1개뿐이라도, 매도인 또는 매수인 중 어느 한쪽이라도 2명 이상인 경우(= 수인과 수인 사이의 거래)는, 실제 거래 내용이 복잡하고 세부적인 지분별 거래가액이 존재할 수 있으므로, 이를 명확히 구분·기재한 '매매목록'을 제공해야만 정확한 실거래가 확인과 등기기록의 정합성이 확보된다.

실무적으로 생각해보면 뭐 그리 하나의 부동산에 파는 사람도 다수이고 사는 사람도 다수일까 싶지만 생활관계에서 보면 상속받은 형제들이 부동산을 파는데 사는 사람도 다른 부동산을 상속받아서 돈으로 환급한 형제들이라고 보면 쉽게 사실관계가 이해가 간다.

-등기예규 1633허 2 나 (1) 1에 따르면 1개의 계약서에 의해 2개 이상의 부동산을 거래한 경우라 하더라도 관할관청이 달라 개개의 부동산에 관하여 각각 거래 신고를 한 경우에는 매매목록을 작성할 필요가 없다. 그 이유는?

최종이유적으로

이미 관할별로 구분된 실거래신고가 각각 존재하고, 그 신고필증마다 부동산 1개와 해당 거래금액이 명확히 기재되어 있으므로, 등기관이 매매목록 없이도 실거래 내용을 파악할 수 있기 때문이다.

매매목록의 본래 목적은? 1개의 계약서에 여러 개의 부동산이 포함된 경우, 각각의 부동산에 얼마의 금액이 배분되었는지 불명확할 수 있다. 그래서 등기신청시 등기관이 부동산별 거래금액을 정확히 파악하기 위해 매매목록을 요구하는 것이 일반 원칙이다. 그러나 관할이 달라 부득이하게 신고가 분리된 경우 현실적으로, 예를 들어 서울시 강남구 소재 건물과 성남시 분당구 소재 토지를 하나의 계약서로 매매했다면, 실거래신고는 각 관할 지자체에 따로 해야 한다. 이런 경우, 각각의 신고필증에는 해당 부동산 1개와 거래금액이 기재된다. 즉, 부동산별 거래가액이 이미 분리·확정된 상태다. 이 경우 매매목록은 중복된 서류가 된다.

-등기예규 1633호 관련해서 가액과 관련해서 등기된 매매목록에 기록된 부동산 중 일부에 대해서 계약의 해제 등으로 소유권이전등기가 말소된 경우에는 등기된 매매목록에 기록할 필요는 없다. 또한 관할이 다른 경우에 그와 같은 사실의 통지도 필요 없다. 그 실질적 이유는?

최종이유적으로

매매목록은 등기 당시 '거래 사실'을 기재한 공적 기록이다. 즉 매매목록은 등기 당시 유효한 실거래신고에 기초하여 거래된 부동산 목록이어서 각 부동산별 거래가액 등을 기록하는 것으로서 즉, 과거의 사실(거래 발생 당시의 상태)을 기재하는 것이다. 그러니 그게 이후 해제되었다고 하여도, 그 당시 실제 거래가 이루어진 사실 자체는 변하지 않음. 즉 사후 해제는 '과거의 거래 정보' 자체를 부정하는 것이 아니다. 계약의 일부 해제 또는 이전등기의 말소는 거래 자체가 없었던 것으로 소급되는 것은 맞지만, 실거래가 등기의 공적 기능(투명한 시장 정보 제공)은 기준 시점의 거래 정보를 기준으로 한다. 따라서 이미 등기된 매매목록을 정정하거나 삭제할 의무는 없다.

또한 관할이 다른 경우 통지 불요의 이유를 따져보면, 실거래신고는 부동산 소재지 관할별로 개별 신고된다. 각 등기소는 자기 관할 부동산에 대해서만 등기와 매매가액 정보를 기록하고 관리한다. 따라서 다른 관할 등기소에 계약 해제나 말소를 통지할 법적 근거나 행정적 실익이 없다. 특히, 등기관이 타 관할의 매매목록을 통제할 수 없기 때문에, 행정적 혼선만 초래할 수 있다.

16. 토지수용으로 인한 소유권이전등기

-공익사업법에 의하여 미등기 토지의 대장상 소유명의인과 협의가 성립된 경우에는 그 대장상 소유명의인 앞으로 보존등기를 한 후 사업시행자 명의로 이전등기를 한다. 그 논리는?

최종이유적으로

이는 등기의 연속성과 적법한 권리이전 절차를 확보하기 위한 실체법적·등기법적 원리에 따른 것이다. 토지는 반드시 등기된 자로부터 등기되어야 하는 '등기의 연속' 원칙에 따라, 미등기 토지를 취득하는 경우에도 우선 소유자로서의 '형식적 권리'를 갖추게 한 후 사업시행자에게 적법하게 이전되도록 하기 위해 대장상의 명의자에게 보존등기 후 그로부터 사업시행자 명의로 이전등기를 진행하는 방식이 사용된다.

특히 여기서는 협의가 되었기에 더욱이나 이름이 끊어지지 않고 나와야 함이 되어야 한다. 그래서 실무상 절차적 명확성과 법적 안정성 확보를 꾀한다.

-등기예규 1388호에 따르면 토지수용을 원인으로 한 소유권이전등기 신청은 사업시행자인 등기권리자가 단독으로 할 수 있다. 사업시행자가 관공서인 경우는 그 관공서가 소유권이전등기를 촉탁하여야 한다. 그 이유나 논리는?

최종이유적으로

사업시행자가 일반인(예: 한국토지주택공사, 민간기업 등)인 경우에는 수용의 효과로 소유권을 취득하므로, '등기권리자 단독신청' 가능. 그러나 사업시행자가 국가나 지자체 등 관공서인 경우에는 공무소 촉탁절차에 따라 '관공서가 촉탁'해야 한다.

그럼 왜 행정기관은 등기 "신청"을 못 하고 "촉탁"만 하는가? 공권력 주체는 사법상 권리의 주체와 다르기 때문이다. 사인(개인, 일반 법인)은 사법상 권리의 주체로서 자유롭게 권리를 행사하고, 그 권리행사의 일환으로 등기를 '신청'할 수 있다. 반면, 국가나 지자체 등 행정기관은 공법상 주체로서 사법상 권리행위를 자유롭게 할 수 없다. 모든 행위는 법률에 근거한 행정행위로 제한된다. 등기신청은 민원행위, 촉탁은 행정문서이다, '등기신청'은 민원이자 사적 청구행위의 일종이다. 그런데 국가가 민원행위로 자신의 권리를 주장하면 국가가 사인처럼 권리를 구걸하는 모습이 되며, 공적 권위의 논리와 충돌한다. 따라서 공공기관 간 문서교환 방식인 '촉탁'이 필요한 것이다.

-토지수용의 재결의 실효를 원인으로 하는 토지수용으로 인한 소유권이전등기 말소의 신청은 등기의무자와 등기권리자가 공동으로 신청하여야 한다. 그 이유는?

최종이유적으로

토지수용의 재결이 실효되었다 하더라도, 이에 따라 이미 이루어진 소유권 이전등기는 일단 '적법하게 이루어진 등기'이기 때문에, 이를 말소하려면 등기권리자와 등기의무자의 공동신청이라는 등기법상의 일반 원칙(등기법 제33조)에 따라야 한다.

수용재결 실효는 등기 그 자체를 '무효'로 만들지는 않는다. 즉 수용재결이 실효되었다는 것은 법률상 수용의 효력이 '발생하지 않았다'는 사정이 생긴 것이다. 그러나 이 사유만으로는 기존에 등기된 소유권이전등기를 바로 '직권말소'하거나 단독신청으로 말소할 수 없다.

왜냐하면 등기관 입장에서는 이미 공적 절차(수용재결 + 촉탁)에 따라 이루어진 등기가 실효되었는지 여부를 자체 판단할 수 없기 때문이다. 즉 여기에서도 등기법의 아주 중요한 원칙은 등기관의 형식적 심사권 원칙이 적용된다. 그래서 공동신청의 원칙으로 돌아간다.

-상속인 또는 피상속인을 피수용자로 해서 재결하고 상속인에게 보상금을 지급(공탁)했으나 여전히 피상속인의 소유명의로 등기가 되어 있는 경우는 대위에 의한 상속등기를 한 후에 소유권이전등기를 해야 한다. 상속등기를 하지 않은 채 소유권이전등기를 신청한 경우에는 이를 수리하여서는 안 된다.

최종이유적으로

이름이 끊어져서는 안 되기에 말이다.

17. 신탁등기

-담보권신탁등기: 등기예규 1694호에 따를 때, 담보권신탁등기는 수탁자는 위탁자가 자기 또는 제3자 소유의 부동산에 채권자가 아닌 수탁자를 (근)저당권자로 하여 (근)저당권을 신탁재산으로 하고 채권자를 수익자로 지정한 담보권 신탁등기를 신청 할수 있다. 이렇게 되 는게 이것을 활용하는 이유는?

배경을 설명하면

등기예규 1694호에 따른 담보권 신탁등기는 비교적 고도화된 금융·법률 구조이지만, 그 핵심은 신탁법의 유연성을 활용한 담보권 관리 방식의 혁신이다.

상황 설정은 다음과 같다 채권자 A는 채무자 B의 부동산에 대해 담보권(예: 근저당권)을 확보하려고 한다. 하지만 A는 직접 근저당권자가 되지 않고, 수탁자 C가 근저당권자로 등기되고, A는 신탁의 수익자가 됨. 즉, 근저당권이 신탁재산이 되고, 채권자인 A는 수익자가 되는 구조. 그래서 등기형태는 등기명의인(근저당권자): 수탁자 C 수익자: 채권자 A 신탁재산: 근저당권

최종이유적으로

이 구조를 활용하는 주요 이유는 담보권의 집합적 관리 및 유동화이다. 수탁자(C)는 여러 채권자(A1, A2, A3…)의 담보권을 일괄적으로 관리할 수

있다. 이는 자산유동화나 부동산금융(프로젝트 파이낸싱 등)에서 매우 유용하다. 예를 들어 신탁 수익권 자체를 유동화하거나 담보권 집합체를 기초자산으로 활용할 수 있음. 또한 담보권 관리의 중립성과 안전성 확보이다. 채권자가 담보권을 직접 보유하면, 이해관계 충돌이나 관리상의 분쟁이 생기기 쉽다. 중립적인 수탁자가 담보권을 관리하면, 공정성과 실행력이 확보된다. 특히 다수 채권자가 있는 경우, 수탁자가 담보권 실행(경매, 배당 등)을 일괄적으로 처리함으로써 절차가 단순화된다. 거기에 보안성·비공개성 강화는 실제 채권자가 등기부에 직접 나타나지 않기 때문에, 외부에 노출되지 않는다. 이는 기업 간 거래에서 신용 리스크 관리, 전략 노출 방지 등의 목적에 유리하다. 마지막으로 신탁 수익권의 분할 및 권리 이전 용이하다. 수익권은 금전적 권리로서 쉽게 분할·양도 가능하다. 따라서 채권자가 자신의 권리를 양도하거나 유동화할 때 등기 변경 없이 처리 가능하다.

-담보권신탁등기에서 신탁재산에 속하는 (근)저당권에 의해서 담보되는 피담보채권이 이전되는 경우에는 수탁자는 신탁원부기록의 변경등기를 신청하여야 하고, 이 경우 부동산등기법79조는 적용되지 아니한다. 즉 피담보채권의 양도로 수익권양도가 있는 것으로 보아 수익자변경등기를 하여야 한다. 여기에서 79조가 적용이 안 된다는 말의 의미는?

배경을 설명하면

먼저 부동산등기법 제79조를 간단히 요약하면 "저당권 등의 피담보채권이 이전된 경우, 등기의무자인 채무자의 협력 없이도 저당권이전등기를 신청할 수 있다." 즉, 저당권에 담보된 채권이 양도되면, 저당권 자체도 새로운 채권자로 이전되어야 하므로 원칙적으로 채권양도에 따른 저당권이전등기를 허용하는 규정이다.

최종이유적으로

채권 양도 → 저당권자도 바뀜 → 등기상 저당권 이전 필요 → 제79조가 이를 가능하게 한다. 그런데 담보권신탁등기에서는 이 규정이 적용되지 않는다? 왜 그런가? 왜 79조를 적용하지 않는가? (논리적 이유) 등기명의인이 수탁자 = 저당권자는 바뀌지 않는다. 담보권신탁에서는 수탁자 명의로 저당권이 설정되어 있고, 그 피담보채권의 이익(실질적 권리)은 수익자에게 귀속된다. 즉, 수탁자가 저당권자라는 등기 자체는 바뀔 필요가 없다. 따라서 저당권이전등기는 필요 없다.

실질적 변동은 수익자(채권자)의 지위에 발생한다. 피담보채권이 A에서 B로 양도되었다면, 수탁자는 여전히 동일하고, 수익자만 A에서 B로 바뀐 것이다. 그러므로 등기상 필요한 변경은, 수탁자가 아닌 수익자의 정보를 바꾸는 것이다. 즉, 79조처럼 저당권자(명의인)의 등기를 이전할 일이 없고, 대신 신탁원부 내 수익자 정보만 갱신하면 된다.

-수인의 조합원으로부터 각각 신탁을 설정 받은 주택재건축조합이 신탁재산을 재신탁하는 경우에는 조합원전원의 동의서가 있어야 한다. 수익자 집회의 결의로만은 안 된다. 그 이유는?

최종이유적으로

재신탁이기에 보호 측면에서 강력한 도구를 두려고 하는 것이다.

-신탁등기는 일괄하여 한건으로 해야 한다. 다만 수익자나 위탁자가 수탁자를 대위해서 할 때는 신청과 동시에는 아니다. 특히 신탁등기는 일괄하여 한건으로 해야 한다고 하는 이유는?

최종이유적으로

각기 다른 부분이 분리되어 처리된다면, 등기부 상에서 신탁 재산과 관련된 권리 관계를 명확히 추적하기 어려워질 수 있다. 그래서 일괄처리를 요구한다.

-등기예규 1694호 1 바 신탁업의 인가를 받은 신탁회사 외의 영리회사를 수탁자로 하는 신탁등기의 신청은 이를 수리하여서는 안 된다. 그 이유는?

최종이유적으로

신탁업법에 따라, 신탁을 관리하거나 운영할 수 있는 수탁자는 반드시 신탁업의 인가를 받은 신탁회사여야 한다. 신탁업법은 신탁 회사만이 법적으로 인가된 수탁자로서 신탁재산을 관리하고, 신탁 계약을 수행할 수 있도록 규정하고 있다. 즉, 신탁업의 인가를 받지 않은 영리회사는 법적으로 수탁자로서의 자격을 가지지 않기 때문에, 신탁재산을 관리하거나 운영하는 법적 책임을 지기 어렵다. 또한 마찬가지로 목적에 맞는 규제 강화를 위해서이다. 신탁업법은 신탁재산을 안전하고 책임감 있게 관리하기 위한 법적 장치다. 영리회사를 수탁자로 하는 경우에는 신탁 재산의 보호와 관리가 제대로 이루어지지 않을 가능성이 있기 때문에, 법적 보호를 받기 위해서는 반드시 신탁업 인가를 받은 회사만을 수탁자로 인정해야 한다는 원칙을 따른다. 즉 아무나 신탁을 하는 게 아니다.

-등기예규 1694호에 따르면, 여러 개의 부동산에 대하여 1건의 신청정보로 일괄하여 신탁등기를 신청하는 경우에는 각 부동산별로 신탁원부 작성을 위한 정보를 제공하여야 한다. 그 이유?

최종이유적으로

등기예규 1694호에서 여러 개의 부동산에 대해 1건의 신청정보로 일괄하여 신탁등기를 신청하는 경우에 각 부동산별로 신탁원부 작성 정보를 제공해야 한다는 규정은 부동산 개별 관리 및 권리 변동을 정확하게 기록하고, 신탁 등기 내용의 명확성을 유지하기 위한 조치다.

법적 효력 및 정확성측면에서, 신탁등기는 신탁 계약이 유효하게 이행되고 있음을 증명하는 중요한 법적 절차다. 만약 여러 개의 부동산을 일괄하여 하나의 원부에 기록한다면, 그 신탁계약에 관련된 권리 변경 사항이나 등기 내용이 다른 부동산에 잘못 적용될 위험이 있다. 따라서 각 부동산별로 신탁원부 정보를 제공하여, 각 부동산에 대해 독립적으로 신탁관계를 기록함으로써, 법적 정확성과 명확한 권리 추적을 할 수 있게 된다.

등기소의 관리와 처리 용이성측면에서 등기소는 각 부동산에 대한 신탁등기를 별도의 정보로 기록하여 관리하게 되며, 부동산이 하나의 신탁에 포함되더라도, 그 부동산에 대한 상세한 정보와 권리 관계를 별도로 기록해야 한다. 이는 등기소에서 신탁 등기의 관리와 추적을 원활하게 하기 위함이다. 각 부동산에 대해 신탁원부 작성을 위한 정보를 제공하는 것은 등기소의 효율적인 관리와 정확한 등기 절차를 보장하는 방식이다.

법적 요구 사항측면에서도, 신탁등기는 부동산에 대한 권리 변동을 명확히 기록하는 절차다. 따라서 여러 부동산에 대한 신탁을 일괄 신청할 때도 각 부동산의 독립적인 권리 상태를 정확하게 기록하기 위해 각 부동산에 대한 신탁 원부를 작성할 정보를 제공해야 한다는 법적 요구 사항이 존재한다. 즉 이것도 등기소에서는 신경써서 별도로 처리를 하는 영역이 된다.

-지방세 징수법 제 5조 4호에 입각하면 신탁법에 따른 신탁을 원인으로 등기를 할 때 납세증명서를 첨부정보로서 등기소에 제공해야 하는 경우는 소유권을 이전할 때 만이다. 그 정책이나 논리적 이유가 있는가?

최종이유적으로

기본적으로 지방세에서 다루는 것은 취득세이다. 취득세는 분명히 소유권을 전제로 한다. 즉 지방세(특히 취득세)는 재산권의 실질적 변동이 있을 때 과세하는 것이 원칙이다. 신탁 등기가 이루어지더라도, 소유권이 수탁자에게 이전되지 않는 경우에는 형식적인 등기 변경일 수 있고, 실질적으로는 소유자가 변하지 않은 것으로 보기 때문에 과세 요건에 해당하지 않는다.

그래서 지상권은 해당하지 않게 한다. 그게 행정 효율성과 납세자 부담의 조화로서 모든 신탁등기에 납세증명서를 요구한다면, 실제 과세 요건이 충족되지 않는 경우에도 납세자에게 불필요한 행정 부담을 주게 된다.

-부동산 등기규칙 139조 7항에 따라서는 권리의 이전 또는 보존이나 설정등기와 함께 동시에 신탁등기를 할 때는 하나의 순위번호를 사용하여야 한다. 그 의미와 취지는?

최종이유적으로

이는 등기절차상 기술적인 규정처럼 보이지만, 실제로는 신탁의 본질적인 구조와 법적 안정성 확보를 위한 중요한 규정이다. 등기부는 각 등기의 순서(순위번호)를 통해 권리의 선후관계를 결정한다. 예를 들어, 같은 날에 설정된 저당권과 소유권이전등기가 있으면, 먼저 등기된 순위가 우선한다. 이 조항은 소유권의 이전(또는 설정, 보존) 등기와 신탁등기가 같은 사실관계를 기초로 동시에 이루어질 때, 이들을 하나의 절차로 묶어 동일한 순위번호 아래 등기하라는 뜻이다. 즉, “소유권이전등기 + 신탁등기” → 하나의 권리이전 절차의 일부이므로, 등기부에서는 별개의 등기처럼 보이지 않도록, 동일한 순위번호를 부여하라는 것이다.

그것을 취지 및 논리적 이유로 봐도, 신탁등기는 독립된 권리 변동이 아니다. 즉 신탁등기는 그 자체로 별도의 실체적 권리를 창설하는 것이 아니라, 이미 이루어진 소유권이전·보존·설정등기에 부수되어 나타나는 관리관계(신탁관계)를 표시하는 등기이다. 따라서 실질적으로는 기초 권리변동의 “기록보완"에 해당하므로, 같은 순위번호로 처리함이 타당하다는 것이다.

-등기예규 1694호1사 (2) 에 따르면, 신탁법 27조에 의해서 신탁재산에 속하게 되거나 신탁법 43조에 따라서 신탁재산으로 회복 또는 반환되는 부동산에 대하여 수탁자가 소유권이전등기와 함께 신탁등기를 1건의 신청정보로 일괄하여 신청하는 경우에는 소유권이전등기의 등기명의인은 '소유자 또는 공유자'로 표시하여 등기기록에 기록한다. 왜 소유자 또는 공유자라는 표현이 나오는가?

최종이유적으로

'소유자 또는 공유자'에서 "소유자"는 해당 부동산이 단독 소유일 경우, "공유자" 는 해당 부동산이 공유 형태(예: 수인의 공동 명의)일 경우를 말한다. 따라서 '소유자 또는 공유자'는 부동산의 권리형태에 따라 달라질 수 있음을 반영한 표현입니다. 등기기록에는 단순히 "소유자"라고만 하면 공유자의 경우를 반영하지 못하므로, "소유자 또는 공유자"로 포괄적으로 기재하도록 한 것이다.

18. 저당권 근저당권등기

-근저당권설정등기를 함에 있어서 채무자가 수인인 경우 그 수인의 채무자가 연대채무자라고 해도 등기기록에는 단순히 “채무자”라고 기록한다. 그 논리나 실무적 이유는?

최종이유적으로

등기의 목적은 권리의 공시와 대외적 효력(공신력은 아니나 대항력)을 확보하는 데 있다. 즉, 등기부는 이해관계인이 권리관계를 명확히 파악할 수 있도록 최소한의 정보를 공시한다. 따라서 등기기록에는 권리의 주체와 객체만을 중심으로 기재하며, 내부적 권리·의무의 구체적 내용까지 모두 기재하지는 않는다. 즉, 채무자 간의 **내부 관계(연대인지, 보증인지, 분할채무인지 등)는 등기의 공시 대상이 아니라는 실무 원칙이 있다. 즉 아주 최소한으로만 기재한다는 것이다.

에를 들어서 근저당권은 그 설정등기가 다음과 같은 요소로 구성된다. 채권최고액 / 채권자 / 채무자 / 채무의 종류 및 원인 / 피담보채무의 범위

여기서 '채무자'란 피담보채무의 주체를 말하는 것이며, 다수인 경우 모두 등기상 '채무자'로만 표기된다. 채무자 간의 관계(예: 연대채무)는 근저당권 자체의 외형적인 요건이 아니므로, 등기사항으로 기재되지 않는다. 채무자 모두가 연대채무자라 하더라도, 등기 목적상 동일한 ‘채무자’로 취급된다. 즉 등기부는 '약식 공시' 방식이다. 이를 다른 말로 요약기재주의라고도 한다.

실무적인 관점에서도 통일성과 혼동 방지가 필요하다 만약 이 경우에 등기부에 '연대채무자'라고 따로 표시한다면, 모든 복잡한 내부 채무관계를 구별해서 기재해야 하므로 등기 실무에 큰 부담이 된다. 더 나아가, 등기부만 보고 권리관계를 오해하거나, 일부 채무자만 책임을 지는 것처럼 해석될 여지가 있어, 아예 '채무자'로 통일해 단순화한다.

-소유권이전등기와 저당권설정등기는 별개의 신청정보로 해야 한다. 그 이유나 취지는?

최종이유적으로

등기의 목적(권리변동의 내용)이 서로 다른 경우에는 별도의 신청으로 구분하여 접수해야 한다. 등기의 목적이 다르다. 즉 소유권이전등기는 소유권의 이전, 매매, 증여, 상속 등 물권 변동, 저당권설정등기는 담보권의 설정, 채권 담보를 위한 제한물권 설정 등으로 다른데 결정적으로 등기기록의 구조상 별개의 접수 필요해서 그렇다. 등기기록에는 각 등기사항에 따라 별도의 순서, 접수번호, 등기원인 및 연월일이 기재된다. 소유권변동과 저당권 설정은 각기 다른 항목(갑구/을구)에 기재되므로, 등기소 전산처리 시스템상도 별도 입력이 요구된다.

19. 기타 등기

-등기예규1363호의 2에서 수인의 공유자가 수인에게 지분의 일부 또는 전부를 이전하는 경우에는 등기의무자별 또는 등기권리자별로 따로 신청서를 등기소에 제공해야 한다. 한 장의 신청서에 함께 기재한 경우등기관은 이를 수리해서는 안 된다. 왜 안될까? 일괄적으로 좋을 거 같기도 한데 말이다. 그 이유는?

최종이유적으로

왜 한 장의 신청서에 같이 쓰면 안 될까? 겉보기엔 비효율적으로 보이지만, 법적, 실무적 이유로 반드시 구분해야 한다. 등기원인별·당사자별로 법률관계가 다르기 때문에 하나로 하면 등기관이 무척 헷갈릴 수 있다. 또한 각 등기의무자·등기권리자별로 등기사항이 다를 때 등기관은 신청서에 따라 등기부 기재사항을 입력하게 되는데, 각 신청에는 그것들이 명확히 구분되어 있어야 한다. 그래서 한 장에 못쓰게 한다.

-등기예규1690호 1 가 (1) 에 따르면, 부동산의 처분금지가처분채권자가 본안사건에서 승소하여(재판상 화해 및 인락을 포함한다) 그 확정판결 정본을 첨부하여 소유권이전등기를 신청하는 경우, 그 가처분 등기 이후에 제3자명의의 소유권이전등기가 경료되어 있을 때는 반드시 위 소유권이전등기 신청과 함께 단독으로 그 가처분등기이후에 경료된 제3자명의의 소유권이전등기의 말소신청도 동시에 하여, 그 가처분등기 이후의 소유권이전등기를 말소하고 가처분채권자의 소유권이전등기를 하여야 한다. 반드시 그래야 하

는 이유는?

최종이유적으로

결론부터 이야기 먼저 하면 이것도 결국 등기관의 업무부담도 덜고 업무범위를 명확히 해주기 위한 것이라고 봐야 한다. 왜 C의 등기를 말소하는 신청을 B가 '같이' 해야 하는가? 가처분은 처분제한 효력을 가지므로, 그 이후 등기는 무효 또는 제한적 효력이다. 처분금지가처분은 민사집행법에 따라 법원이 명한 처분제한으로서 그 이후에 이루어진 소유권이전등기는 대세효(모든 사람에게 효력)를 가지는 금지명령에 위반된 등기이다 따라서 가처분 이후의 등기는 실질적으로는 효력이 제한되며, 그 후에 가처분채권자가 본안소송에서 승소했다면 그 등기는 말소되어야 할 대상이다.

등기기록의 '선후관계 및 연속성' 유지 필요가 있다. 부동산 등기부에는 권리의 선후관계가 등기기록을 통해 드러나야 한다. 그런데 가처분 이후에 제3자 명의의 등기가 남아 있으면, 그 다음에 가처분채권자 명의로 소유권이전등기를 하는 건 등기기록상 연속성이 끊어지는 것이다.

또한 등기관은 실체관계 일치 원칙에 따라 등기 심사를 한다. 등기관은 신청 받은 등기가 기존 등기와 실체관계상 일치해야 등기 가능하다. 그런데 제3자 명의의 등기가 남아 있는 상태에서 가처분채권자에게 등기해달라는 건 실체관계가 등기부에 모순되어 등기가 불가하다. 따라서 말소와 소유권이전등기를 반드시 '동시'에 신청해야 등기 가능하다. 그래서 이 등기예규는 등기관의 권한 밖인 판단을 피하기 위함이다. 제3자의 등기를 말소하지 않고 놔둔 상태에서 가처분채권자 명의로 등기해달라는 요청이 오면, 등기관은 그 제3자 등기의 효력 유무를 자체 판단해야 하는 상황에 놓인다. 이는 등기관 권한 밖 사법적 판단이므로 실무상 허용되지 않는다. 그것이 최종적 이유가 된다.

Part 2. 학습의 팁

1. 풀어내는 식으로 공부하기

-의미

이는 난해한 지문 내용을 더 내용을 술술 풀어주는 의미를 가진다. 특히 기본적으로 객관식으로 주어지는 문제풀이 명제가 맞고 틀림에 대한 판단에서 작용이 된다. 이는 유명한 서울대 법대 C 교수방법에 해당한다. 누구인가에게 설명하듯이 이야기 하는 게 제일 좋은 방법이라는 식의 설득이다.

-순순한 흐름

말이 흐름이 스스로 보기에 그리고 남들이 보기에도 참 순순히 설명해준다는 느낌이 들게 해야 한다. 그냥 마구가 아니라 말이다.

-평면적으로 보던 책과 그 설명을 다 뜯어내는 느낌

1) 기본 의미

지금의 과정은 다 하나하나 새로 뜯는 것이다. 새로 뜯어내는 것이다. 필자의 내용설명을 보면 아마도 여러분들이 아 이것은 기존의 교과서에서는 잘 나오지 않은 표현인데 쉽다. 그게 바로 그런 식으로 그 설명을 다 뜯어내는 느낌으로 접근하는 것이다. 혹시 아주 부분 부분은 사람의 감정에 따라서는 다소는 좀 두서 없기는 해도 필자의 설명으로 좀 쉽게 이해를 하고 가는 것은 된다고 느끼게 될 것이다. 그게 바로 자연스러운 것이고 쉬운거다.

2) 더 풀어내는게 더 짧아지는 것이다

역설적이지만 고수들은 안다. 더 풀어내는 것이 더 풀어헤치는 것이 더 오히려 짧아지는 것이 된다.

-설명 논리를 잘 만들기

1) 기본 의미

풀어냄은 결국 설명의 논리이다. 술술 풀어줘야 한다.

2) 그야말로 말 같아서 좋게 된다

지금 구축되는 게 말 같아서 좋다고 느끼면 그것은 제대로 공부되는 것이다. 그리고 굉장히 안정되니 지금 며칠째 해도 크게 동요가 없다면 말이다. 큰 불만이 없이 계속 진행되게 말이다.

-기서결식 사고도 중요하다

그냥 마구 이야기 하는 것보다 아주 간략한 것이라도 기서결식 사고로 이야가 한다, 물론 시험장에 가면 그런 호흡을 할 시간이 많지 않으니 말이다.

-잘 될수록 자신의 근거 학습파일 서브노트가 튼실해 보인다

스스로 파일이 좀 부실부실해보이는 면이 있었는데 이제는 좀 더 간다는 식으로 해서 더 튼실하게 느껴지도 든든해져서 스스로 의지할 수준이 된다.

-문제집과 별도의 자기 학습파일의 기능이 확실하게 잘 분리가 된다

문제집 등이 지저분해지지 않고 깔끔해진다. 과거에는 이렇게 뭐가 많이 붙은거 보면 언제 다하기 아 이건 뭐지 개념이 생기는데 잘 마스터가 되면 내용의 핵심이 개념으로 바뀐다.

-하나의 소 테마에 자신이 스스로 이야기할 거리가 좀 자연스럽게 붙는다

뭔가를 내가 테마에서 이야기를 해봐야지 하고 시도를 할 때도 그게 자연스럽지 못하면 그것을 억지로 외워야 할 대상으로 생각하게 되는데 그러지 않고 자연스럽게 자신에게 설명으로 아니면 설명하는 능력으로서 존재하게 느낀다.

-결정적 한두마디가 이해와 본질을 파고 들어간다

1) 기본 의미

좋은 지식은 절대로 장황하지 않다. 중요한 거 한두말인데 그게 좀 숨겨져 있는거 아닌가? 스스로도 잘 표현한 것을 보면 아, 그게 그렇게 연결이 되는구나, 그게 그런 큰 뜻이 있구나하고 생각하게 된다.

2) 이거냐 저거냐에서의 강력한 한방

이거냐저거냐의 갈등상황에서 강력한 한방도 의미가 있고 중요하다. 한쪽으로 갈 수밖에 없는 좀 더 과격한 표현도 섞어가면서 쓰면 기억도 남고 논리도 산다.

-효율적인 논리를 만들수록 암기의 부담은 덜하다

그전의 공부들은 설명논리가 희박하니까 자꾸 끄나풀을 가지고 외우려고 아등바등하게 됨을 느낄 것이다. 그러나 설명논리가 좋으니 명문대 C 교수식으로 하면 깔끔히 설명이 되니, 기억적 아등바등이 없어짐을 느낀다,

-이렇게 술술 풀어내지 않으면 너무 어려운 과목들은 풀어내기가 너무 힘들다

어려운 과목일수록 논리와 유기성이 중요하다. 그래서 이렇게 술술 풀어내지 않으면 너무 어려운 과목들은 풀어내기가 너무 힘들다. 그야 말로 돌 씹는 기분이다. 그러기에 반드시 이렇게 논리로 술술 가게 풀어내야 한다.

-나름 평석가라고 생각하고 자신있게 적어보자

틀려도 좋다. 어차피 학습을 위한 것이다. 나름 평석가처럼 생각하자. 유연하고 논리적으로 잘 설명하는 데에 도움을 준다.

2. 대화 내지는 대화체를 염두에 두고 생각하기

-의미

지식을 풀어냄에 있어서 대화는 기본이다. 마치 소크라테스와 플라톤이 대화를 통해서 진리에 이른 것처럼 대화는 그런 기본을 가진다.

-질문과 답 구조

우리도 무엇인가를 읽어가면서 어떤 정보를 흡수해가면서 그것에 대해서 모르는 것이 나옴은 어찌보면 아주 당연한 것이다. 그것을 해결하는 가운데에서 답이 나오고 그게 그 학습의 정수가 된다.

-유능한 강사들의 비유

유능한 강사는 그것을 공부하는 학습자들이 무엇을 모르는지에 대해서 아주 잘 아는 사람이 된다. 그런 포인트를 일단 잘 알고거기에 어떤 이야기를 해줘야 좋아할지에 대해서 잘 이야기 해주는 사람이 좋은 강사가 된다.

-계속 자신의 표현을 가다듬어야 한다

특히 뛰어나다고 자타가 공인하려면 그 직관적 해설 꿰뚫는 용어들이 되어야 한다. 그러기 위해서 계속 가다듬고 정돈을 해야 한다.

-좋은 대화법이 되려면 좋은 질문이 나와야 한다

학습자인 나의질문요령과 접근이 나쁘지 않으니 좋은 대답이 나오게 된다. 이런 질문들이 또 새로운 지식의 페러다임이 된다. 기존의 책들에서 해주지 않았던 것 말이다.

-스스로 단정하고 외부로 표출해 보임의 우수성

그런 것을 자신의 파일에 담아서 노트에 담아서 외부로 표출을 하면 스스로 꽁하게 가지고 있던 것들의 지식이 달라짐에 대해서 느끼게 된다.

-묻다보니 이해되고 묻다보니 합격이다

말 그렇게 된다면 아주 좋은 시스템이고 그간의 학습체계를 부정하는 것이다. 이제는 누가 잘 질문을 세우는가가 중요한 것이 된다. 이런 페러다임이 되면 해당 시험에 대한 접근도 최근 몇년에 뭐가 바뀌는 것이고, 극단적으로 학원도 필요 없게 되고 하는 상황이 된다.

-질문받아주는 선생님

우수학생들은 말한다. 아, 과외선생님까지는 필요 없고 질문 받아주는 분이 있으면 좋겠다고 하고 말이다. 특히 고교시절의 최난제 과목인 수학 등에서는 말이다. 그런 마음으로의 자문자답 또는 대화식 공부를 지향한다.

-감정적 단어를 써서 표현해도 된다

'흥'같은 단어를 써도 된다. 학습의 목적만 달성한다면야. 흥 같은 사실적 논리들이 만들어진다.

-스토리라인의 형성

오티티가 더 유행할수록, 넷플릭스의 비중이 더 커질수록 스토리의 중요성이 커지고 있다. 그것을 공부에 대입을 해보면 대화가 스토리 라인이 되기도 한다. 즉 대화의 저술인 플라톤과 소크라테스의 대화처럼 인공지능과 나의 대화를 저술로 담게 된다. 그것은 본론에 대한 것이다:

3. 좋은 변화로 바뀌는 학습 주변 여건들이 변화

-의미

책이나 기타 여러 가지 여건들이 이런 변화로 어떻게 달라지는지에 대해서 소개한다.

-교과서(문제집)의 변화

1) 기본 의미

부담을 주고 이거 언제다 보나 하는 존재에서 아 그래 이것도 결국에는 핵심의 싸움이고 그런 핵심이 잡혀지면 쉽게 전진하는구나 하는 생각이 들게 한다.

2) 단권화의 기능적 원리에 접근

(1) 일단 단권화에 유리

그렇게 되면 단권화의 원리에 아주 충실히 가게 되는가? 그렇다 물리적 단권화를 뛰어 넘는 기능적 단권화는 학습자로서는 아주 환상의 세계다. 그렇게 가고 있다고 느낀다면 과목 정복과 합격은 따 놓은 당상이다.

(2) 중복성 검토의 효율성

내용에 대한 이해가 깊어지고 강해지면 내용적 중복성 검토도 뛰어나져서 단권화도 실질적으로 잘 일어난다.

3) 무기화

다듬어진 실력 다듬어진 무기라는 말이 실감이 난다. 그래서 스스로 이 책 들정도의 것이면 법조로 치면 연수원급이어서 대한민국 OO분야 기술로는 최고 등급인데 하고 생각을 하게 된다. 제대로의 OO 과목의 책을 갖고 다니는 셈이 된다.

4) 자꾸 더 연결시키고 싶고 더 밝혀보고 싶어 한다

고수들은 말한다. 지식이 도가 올라가면 결국 연결이 되는 것이라고 말이다. 그래서 그게 자꾸 밝혀내는 것 자꾸 연결시켜가는 것을 시도하게 되는 것이 된다. 새 지식들은 새로 분화되어서나오는 것이다.

-책에 있는 지식들의 가치

1) 박물관은 살아있다

영화 박물관을 살아있다를 보면 박물관의 전시물들이 밤에는 살아서 움직인다. 그것처럼 그간 평면적으로 생각한 자식들이 살아서 움직인다. 그래서 이런 지식들의 가치는? 하고 스스로 생각해보게 된다.

2) 지식덩어리의 변화

지식이 예를 들어서 OO법의 경우에 이렇게 하나 하나 풀리면서 전체적 장악은 내게 어떤 모습으로 다가오는가? 그것은 낱낱의 지식이 아주 유기성을 띄어서 결국 크게 덩어리로 와도 내가 버틸수 있다는 식으로 가게 된다

3) 마인드 맵에서의 유기성

마인드맵 공부기법을 보면 지식을 잇게 되는데 그것을 어떤 이들은 언제저 이음을 다 외우지 하지만 지식이 이해도가 커지면 그런 유기성이 억지로 외우려 해시 외워지는게 아님을 알게 된다

4. 심리적으로 긍정적 변화가 찾아온다

-비유: 에이스 투수처럼

'내가투수라면 저렇게 꽂아 넣을 수 있나' 하고 프로야구를 보면서 생각을 해본 사람들 많을 것이다. 이렇게 지식이 내 것이 되면 내가 에이스투수가 된 기분이 된다.

-심리적으로 갈등 없는 아침과 새벽을 맞는다

공부를 하면서 학습에 매진하면서 제일 힘든 시간이 새벽과 이른 아침이다, 저녁과 밤은 그렇게 가는데 특히 자고 일어나서는 불안감이 마구 올라온다. 그런데 이렇게 제대로 공부를 해놓으면 그런 갈등이 사라진다. 그래서 심리적으로 갈등 없는 아침과 새벽을 맞는다.

-열정을 계속 간직하게 가는 시스템

우리는 사람이기에 공부에 대한 열정은 수시로 바뀌는가하는 질문에 자신있게 계속 열정이 유지가 된다고만은 이야기를 할 수 없다. 그러기에 그런 열정을 계속 간직 할 수 있는 시스템이라면 참 좋을터인데 말이다. 내가 알면 더 열심히 하게 된다. 그런 나의 열정을 잘 담을수 있는 구조가 지금의 공부 시스템 구조라고 보면 된다.

-풀어나가는 심리의 발생

법률로 치면 판단 결과의 회의론에 내가 너무 많이 빠져있던 것도 사실인데 이런 식으로 해결을 해서 좀 잘 해쳐나갔다는 성공사례도 많이 수집된다.

5. 지식을 돌출 정도로 하려면 노래 암기가 최고다

-의미

우리가 거인의 어깨에 올라타는 셈이라고 잘 이야기를 하는데 이게 마치 그런 거인의 어깨에 올라타는 정점에 있다고 봐야 한다. 노래는 우리에게 잘 써먹으라고 팔 벌리고 있다. 말죽거리 잔혹사에서 현수하고 싶은 거 다 해 하는 김부선처럼 말이다.

-암기라는 게 보는 것만으로 되는 게 아니라서

당연한 이야기지만 자주 보기만 한다고 샤워하듯이 하기만 한다고 외워지는 게 아니다. 그래서 어떤 노력이 필요한데 그런 노력의 결정판으로서는 이제 중요하다.

-장점: 무에서의 유의 형성효로서는 세계 최강

특히 세법처럼 정말로 무에서 유를 형성해야 함이 큰 과목은 이렇게 해서 형성을 시키고 '오 박OO, 아주 대단한데'하고 스스로를 다독일 수 있다.

-장점: 가만히 틀어놓고 반복하는 편한 효과

가만히 틀어놓고 반복하는 편한 효과를 기대하는 게 가능한 것도 여기서의 장점이 된다. 특히 시험이 다가올수록 불안한데 이런 게 지식으로 나를 지지한다고 치면 위로 효과, 위로적 지지효과가 크다.

-장점: 그래도 칙칙한 수험생활 중에 운율이 가미되는 효과

그래서 아주 칙칙할 수 있는 수험생활, 학습생활에 운율이 가미되어서 양념적 효과가 된다.

-장점: 가장 가시적인 유형적인 공부

공부의 가장 힘든 점은 참 뭘 해도 나에게 나를 중심으로 나의 뇌를 중심으로 해서는 뭐가 남은 게 없다는 점이다.

-장점: 책 읽음이 훨씬 더 수월해지고 마음이 덜 쓸쓸하다

특히 무에서 유를 하는 과목의 경우에는 참 읽으면서도 '아이 씨, 이걸 읽으면서도 외워내야 하는데 그게 되나'하고 자책을 많이 하는데 노래가 수반이 되면 완전 암기가 되지 않아도 그래도 기분 좋게 좀 더 안도감을 가지고 책을 읽어내게 된다.

어떤 무엇을 하더라도 확인적 의미의 독서에서 즉 읽으면서 기억을 해내야 하는 독서에서 제일 좋은 방법이다.

-장점: 생활화적 공부

노래에 미친놈 같은 식으로 그야 말로 자나 깨나 공부가 가능하다.

-노래는 가급적 먼 노래보다는 자신의 애창곡을 위주로 한다

-그림하고 결부가 되어야 더 강한 효과를 가지고 온다

그림하고 내용이 결부가 되어야 더 강한 효과를 가지고 오게 되기에 서로 시너지를 노린다.

-노래를 잘 선정하는 것도 그 과목에 대한 실력과 혜안이 생겨서 그런 것이다

그렇게 붙이게 하기 위해서 노래를 잘 선정하는 것도 그 과목에 대한 실력이 생겨서 비례적으로 생기는 모습이다.

-비유: 곳곳에 깔린 지뢰들이 공격을 도와주는 느낌

아 많이 형성이 되었다. 폭탄들이 많이 도와 준다.

6. 8진법

-그림이 최종이다

연상의 최고봉은 그림이다. 그게 마땅한 적절한 것을 넣기가 그래서 그렇지 말이다. 그러나 우리가 어차피 일반적이고 딱딱한 것을 외우기 위해서 별개 개념이 필요하다면 이렇게 그림을 차용해서 외움은 아주 좋다. 즉, 중간과 중간이 연결이 되어서 최고조로 간다.

이러면 지식에 특히 그냥 활자화된 지식에 만개의 꽃을 피우게 되는 셈이 된다.

로마인들은 위대했다. 그냥의 상상속의 그림과 진짜로 존재하는 그림은 천지차이이다. 영원하라 로만이여 영원하라 로마인들이여

공부라는 컴퓨터에 그래픽 카드를 달아서 날개를 달아가는 셈이다.

글자로만 공부하는 것과 비교하면 픽셀로는 거의 100배의 것을 활용하고 그만큼 노력이 감쇄되고 하는 것이다.

-뇌의 이중성에 가장 잘 맞는다

뇌는 기억하려고도 하고 까먹으려고도 한다는 사실이다. 안 까먹으면 터져버리는 게 뇌이다.

-그림이 사고를 전진시키고 사고를 확장시킨다

그림이 사고를 전진시키고 사고를 확장시킨다. 바로 그것을 전진시키는 그림이라도 붙여야 한다.

-전혀 안 쓰던 뇌의 영역을 쓰는 셈이어서 좋다

-8진법과 이어져서 그림과 그림간의 연결 히어라키를 노린다

이게 맞다면 8진법만으로 하기에는 무리가 있음을 스스로 인정한 셈이다.

-그림의 개수가 합격과 관련한 심적 안정의 지수를 증가시킨다

-두문자의 최대약점인 이게 어디에 쓰는 건지 모르겠다의 극복

그림을 잘 사용해서 그게 어디서 나온건지 모르겠다는 최대한 해소한다. 그것은 두문자의 최대 문제점이다.

-비유: 기억의 바벨탑 쌓기

비유적으로 이야기를 하면 이런 식으로 해서 바벨탑 쌓듯이 하는 것이다.

-무조건 열심히 한다고만 암기가 되는 거 아니다

하수들은 무조건 적극적으로 하자고만 했다. 그러나 시스템이 중요하다.

정말로 안 들어가는데 그렇게 들어가는 그렇게 끼우는 대단한 방법을 알아낸 것이 이것에 해당한다. 이런 식의 것은 회계학 같은 어려운 과목에서도 적용이 되게 된다.

-밑이 어려워서 공부가 어려운거다

-공부는 말이다

공부는 말이다. 결국 또 보니 말말말인데 시퀀스적 운율적 말이 중요하다.

-시간순삭도 좋다

과거에는 밑 빠진 독에 물붓기로 써야 할 시간이 많았는데 말이다.

-그림이 한 몸으로 되는 게 중요하다

그림이 흐트러지면 안 된다. 자연스러운 연상을 노리게 그림이 한 몸으로 되는게 중요하다.

-한 몸으로 표현하든지 강력한 연쇄관계로 표현하든지

한 몸으로 해서 한 덩어리로 표현을 하든지 아니면 강력한 연쇄관계로 표현하든지 해서 강하게 효과를 가지고 오게 해야 한다.

-하이브리드덩어리를 통해서 머리가 바뀌지는 게 최종의 모습

그간의 세상질서와는 좀 다른 이어진 질서로 채워진 머리를 만들어야 한다. 어차피 시험이 그간의 생활질서와는 틀리거나 다른 게 아닌 좀 무관한 것을 가지고 외움을 강요하니 우리도 그에 버티고 대항하기 위해서 이렇게 한다. 남들도 그것을 버티는 방법 중의 하나가 두문자다.

그러니 나도 새롭게 또 외워야 할 게 나오면 다른 생활요소시퀀스를 가지고 와서 대항을 하게 한다.

그런데 그렇게 다른 것을 채우는 게 그냥은 안 되니 행동강령인 파일이 존재해야 하고 그 파일도 정적 성격을 가지니 그것에 동적 성격을 부여하기 위해서 살아있는 덩어리라고 표현을 한다. 즉 책과의 별개의 유형적 성격을

가지고 있음을 보여주기 위해서 살아있는 덩어리라고 한다.

-하이브리드가 되면서 지식이 무에서 유 생명체적 지식이 된다

무엇이든지 살아있는 게 좋잖아하는 마음으로 접근을 해본다. 학습자인 내가 살아있는 게 좋음을 활용하자. 그래서 몸이 기억하는 공부가 되기도 한다. 마치 비유적으로 춤판 벌이기 덩어리는 수화처럼 몸짓과 몸이 기억하는 공부가 되는 게 좋다.

-인간의 도리로서의 제대로 공부가 된다

문제를 푼다고 할 때의 인간은 풀어서의 인간이다. 그래서 인간의 도리로서의 제대로 인간으로서 공부가 된다. 만약에 랜덤하게 본다고 해도 자신의 정신만 제대로 붙들고 있으면 풀이는 이뤄지게 된다. 이 인간의 도리는 학습자로서의 도리이다.

-누수를 채우는 반복도 의미 있는 반복이 된다

-종합이 된 게 대략 50퍼센트 목표치로 해서 기억남을 목표로 한다

-인과응보적이라서 노력을 해야 결과가 나온다

-쌍극자암기와의 관련성

쌍극자 암기도 결국에는 뭔가의 하나를 해서 그 특징으로 쌍극자를 연결해서 잡기였다. 그게 좀 더 난이도가 있으면 거기에 인물을 붙여서 강화를 시키고 좀 더 난이도가 있다면 히어라키 적으로 해서 노래를 한다. 다만 그 노래의 구조는 이렇게 잡는 게 이상적이다. 이 구성의 전제는 잊을 수도 있다는 점이다. 그래서 계속 노력이 필요하다는 점이다.

7. 전문 공부

-전문 공부의 의미

자격증을 딴 전문가이거나 아니면 그 아래에서 같이 일하는 실장 등의 전문사무원들은 자기분야의 그것도 아주 좁은 분야만 알지 그 이상을 가면 잘 모른다. 그래서 그런 전문 공부가 중요하다.

-세상이 어지러울수록 자기공부가 최고다

세상이 아주 어지러이 가고 있다. 어지러울수록 자기 공부가 최고다 . 그게 제일 남는 것이기 때문이다

-전문공부일수록 효율적으로 해야 한다

시간들이 없지 않은가? 그러니 더욱더 효율을 노려야 한다. 바쁘지 않은 전문가 바쁘지 않은 전문사무원은 없다. 그러니 그런 사람들의 전문 공부일수록 더욱더 효율을 높여야 한다.

-전문 지식은 꺼내 쓴다의 논리

법조계를 접하지 못한 사람들의 입장에서는 법조인들을 보면서 '와, 그 많

은 방대한 법을 어떻게 다 알고 남을 위해서 상담을 해주고 하지?'하고 생각한다. 그러나 법조계에 입문을 하면 제일 먼저 배우는 사실이 그 많은 방대한 지식을 다 머리에 담는 게 아니라 필요할 때 꺼내서 쓴다는 게 핵심이라는 사실이다. 그렇게 전문지식은 꺼내서 쓰는 것 이지 다 담아두는 게 아니기에 공부의 효율성은 더욱더 필요하다.

-전문 공부일수록 이런 포인트를 봐야 한다

그렇겠구나 하는 것은 문제가 안 되고 그건 좀 그런데 내지는 그건 좀 아닌데 하는게 포인트이다. 수험 때도 그렇지만 결국 판시 등의 암기에서 가장 문제는 바로 자신이 그간 가진 자연법에 어긋나는 경우이다. 거기를 잘 포착해서 봐야 하고 내 것으로 넣어야 한다.

-당연한 것과 다소 또는 그 이상 당연하지 않게 다가오는 것을 체크해야 한다

읽어서 조금씩만 지식이 쌓여도 '그것은 그렇겠구나'하고 당연하게 느껴지는 것과 그렇지 않고 '어 이것은 왜 이렇게 되지?;하고 당연하지 않게 생각되는 것을 구별하는 게 가장 중요한 포인트가 된다.

-여백에 필기를 하는 경우에도 그 당연하지 않음 생각해볼 여지가 있음이 관건이다

많은 학습자들이 여백에 필기를 해서 집어넣거나 적어 넣는다. 그런 적어넣은 내용으로서 가장 와야 할 것은 바로 당연하지 않는 내용에 대한 지적 즉, 그런 포인트를 찾아내는 것과 그것을 어떤 식으로 처리해서 내 것으로 할지에 대한 것들이다. 그렇게 치면 결국 책은 원래부터 인쇄되어 있는 부분과 학습자인 내가 적어서 나오게 하는 부분들로 나눠지게 되는데, 인쇄되어 있는 것이야 당연히 진리이고 기지(기지)의 사실로 받아들여지니까 제시가 될 터이니 그게 결합이 된 게 바로 종합적으로 그 해당 분야나 해당과목의 총합적 사실로 다가온다.

-전문 공부에서도 암기를 해야만 공부한 게 남는다

여러분들이 다른 전문분야를 공부해서 남들에게 보여줄 때도 그게 결국에는 '체화'가 되어야 의미가 있다. 그냥 입에서 머리에서 우물우물하는 지식으로는 의미가 없다.

-외워야 내 지식으로 남고 남들에게도 보여진다

남들에게 보여주고 남들에게 인정받는 그런 지식이 되기 위해선 절대적으로 암기가 되어야 한다. 그것을 도와주려고 필자는 애를 쓸 것이다.

-암기는 늘 숙제

암기는 수험에서도 큰 숙제인데 전문 공부를 함에도 내가 외울 것인가? 외운다면 어디까지 외우고 결심을 할 것인가는 아주 문제이다. 그래서 그에 대한 도움이 필요하다.

-가장 효율적으로 외우게 하기

필자는 가장 검증된 방식으로 가장 쉽게 외우게 하는 도움을 줄 것이다. 특히 앞서 말한 지식은 꺼내 쓰는 것과의 조화적으로 얼마까지를 외우고 얼마는 외우지 않고 가는가는 참으로 중요한 부분으로 계속 작용한다.

-전문공부에의 암기가 더욱더 어려운 이유는 용어가 어렵기 때문이다

용어가 어려움은 그 분야의 전문성을 표상한다. 물론 그것은 진입장벽처럼 그 분야에서의 현학적 요소도 가지고는 있으나 그에 대해서 의미가 크게 온다. 그것을 잘 돌파해야 한다.

-전문 공부에서의 아주 쉽게 암기하는 법

(1) 친숙도를 늘려라

친숙도를 늘리는 게 중요하다. 물론 모든 공부의 과정은 다 반복을 통해서 친숙도를 늘리지만 그것을 어떻게든 더 고속화 하는 게 관건이다. 용어가 어렵고 구가상황이 어렵다면 더욱이나 친숙도를 높이는 것은 아주 중요하

다.

(2) 시퀀스활용

시퀀스란 이어짐이다. 순서이기도 하고 말이다. 그런 이어짐과 순서가 잘 연결이 되어야 뭔가의 성과가 나온다. 암기도 결국 이어짐이니 말이다.

뭔가 잘 술술 연결이 되면, 그게 시퀀스다. 우리가 뭔가 생활에서도 이야기가 술술 연결이 잘되는 경우가 있다. 그게 바로 시퀀스다. 그래서 그것을 이용하면 학습이 용이하다. 텔레비전에서의 오락프로를 봐도 쿵쿵따 쿵쿵따 하면서 말이 끝말잇기 식으로 잘 연결이 됨을 볼 것이다. 그게 바로 시퀀스다.

혼자서 전문지식을 읽을 때에도 필자를 만나기전에 여러분들이 혼자서 전문지식을 읽을 때에도 뭔가가 그 부분만큼은 시퀀스에 의해서 흘러가는 것이 된다.

(3) 인문사회지식 총동원

이런 전문 공부가 어려운 것은 용어의 문제도 있지만 동류화가 되지 않은 지식들을 동류화 하는 가운데에서 머리에 담아둬야 하는 측면이 아주 크다. 그러기에 그럴 때는 거의 유일한 해법이 있다. 바로 자신이 아는 모든 인문사회적 기타 지식들을 총동원해서 암기를 하는 것이다. 어찌보면 수험생들이 가장 많이 쓰는 두문장암기 같은 것도 그런 것인데 그것은 그래도 아주 가장 초보적인 형태로 봐야 한다. 그런 인문사회적 지식을 가지고 암기를 하고 이해도를 높이는 것이 필자가 여러분들에게 해줄 수 있는 도움 중의 하나이기도 하다.

(4) 내 머리 안에서 복기가 되게 한다

결국 전문지식이 발현이 되기 위해서는 남들에게 시각이나 청각으로 가게 해야 한다. 그러려면 자신이 먼저 그 지식들에 능해야 한다. 그래서 그게 내 머리 안에서 복기가 되게 한다고 보면 된다.

내 입에서 나와야 한다. 그게 차고 넘치면 결국은 나의 입에서 나와야 한다. 그것의 단계까지 안가면 머릿 속의 음성으로 그야 말로 '뇌입'으로라도 나와야 한다.

우리 책은 포인트는 지정의 식이다. 아주 두툼한 개론서가 아니라 그 개론서를 잘 보게 하는 것이다. 우리 책은 어느 분야의 타지식을 익히게 하기 위한 두터운 지식의 책이 아니라 그 지식에서 가장 엑기스가 되는 부분을 어떻게 이해를 할까에 대해서 제시를 해주는 책이다.

8. 스타링크

: 해당 과목을 전체적인 별자리나 천체관으로 생각하고 외우기

-의미

스타링크는 해당과목을 전체적인 별자리나 천체관으로 생각하고 외우기를 말한다. 외국어도 어떤 사람이 꽤 해당 외국어로 소통이 된다고 하면 그것은 그 사람이 그 외국어에 스타링크가 형성이 된 것이라고 봐야 한다. 즉 스타링크가 되면 그 과목에 외국어이든 수험과목 학습이든 되는 거다.

-스타링크의 개념구성요소

개념구성요소, 핵심요소는 다음과 같다.

(1)구조성 (2)수축확정적 자유자재성 (3)위치적 자유자재성

구성요소의 본질에는 공부란 게 잘 압축하면 양이 확 줄어든다의 사고가 있다.

구성요소의 본질에는 이런 사고도 존재한다. 즉 공부란 게 잘 압축하면 양이 확 줄어든다의 사고 말이다. 그 사고는 이런 식으로 분화되어서 나온다.

-시험 전 날 뚫어지게 책만 쳐다보는 게 너무 싫다고 하는 사람에게 적합

그런 부류의 사람이 있다. 굳이 말하면 자유인이라고나 할까? 시험전 날 뚫어지게 책만 쳐다보는 게 너무 싫다고 하는 사람들 말이다. 그런 사람에게 이 방법은 적합하다

-스타링크로 지식들이 구현이 되면서 행복감이 상승

연관이 되는 시퀀스는 한숨에 쭉 풀어주는 게 복습이자 리뷰다. 그리고 그게 되면 스스로 대견해하면서 기분 좋다.

스타링크:시퀀스 개념이 스타링크를 가게 하고 스타링크는 시퀀스를 완벽하게 해준다

-시퀀스매칭활동의 최종 안착역이 목적지가 스타링크

그냥 무조건 만드는 게 아니라 확실한 최종목적의식으로 귀결된다. 그래서 나의 시퀀스를 완성시키는 집요함이 꽃피게 한다.

-두문자 시퀀스 등을 찾아보면서 제일 잘 하는 말 아 이거였지가 없게 하는게 중요하다

두문자 등을 가지고 공부하면 제일 문제가 아 이거였지 하면서 그 두문자의 주소 등이 바로 연결이 안 되는 경우가 문제다. 그런 것을 해결하기 위한 것이 바로 이것이다.

-독경

1) 부분적 독경

스타링크가 됨은 이게 진정한 의미의 독경이다. 어떤 이가 부분적으로 구현된 것을 가지고 씨름하고 있다면 그것은 허둥지둥적 독경 또는 부분적 독경이라고 할 수 있다.

2) 보조도구 없이 되어야 제대로의 독경이고 스타링크

녹음 테입 같은 보조도구 없이 되어야 하는 게 제대로의 독경이다. 즉 완전히 뇌의 활동만으로 되어야 하는 게 완벽한 의미에서의 독경이다.

3) 수도승 비슷하게

독경이 되면 진짜로 수도승이고 그가 써내는 게 거의 준경전에 이르는 그야말로 크리스천 서점에 나오는 것들이다.

도 서 명: 쉽게 암기하는 등기법-보존등기 등을 중심으로
저 자: 자격증수험연구회
초판발행: 2025년 10월 24일
발 행 처: 수학연구사
발 행 인: 박기혁
등록번호: 제2020-000030호
주 소: 서울특별시 영등포구 버드나루로 130 1층 104호(당산동, 강변래미안)
Tel.(02) 535-4960 Fax.(02)3473-1469
Email. kyoceram@naver.com

9001 고1,고2 내신 수학은 따라가지만 모의고사는 망치는 학생의 수학 문제 해결법
저자 수학연구소 / 19,500

9002 이공계 은퇴자와 강사를 위한 수학 과학 학습상담센터 사업계획 가이드
저자 수학연구소 / 19,500

9003 고3 재수생 수능 수학 만점, 양치기를 어떻게 바라보고 극복할 것인가
저자 수학연구소 / 19,500

9004 대학생들이 세상에서 가장 효율적으로 일본어를 정복하는 방법
저자 최단시간일본어연구회 / 19,500

9005 프랑스어를 꼭 공부해야 하는 대학생들이 쉽게 어려운 단어를 외우는 방법
저자 최단시간프랑스어연구회 / 19,500

9006 중국어를 빠르게 배우고 싶은 해외 파견 공무원들을 위한 책
저자 최단시간중국어연구회 / 19,500

9007 변리사들이 효율성 높게 일본어를 익히는 법
저자 변리사실무연구회 / 19,500

9008 세무사가 업무상 필요한 일본어 청취를 빠르게 습득하는 법
저자 세무사실무연구회 / 19,500

9009 심리상담사가 프랑스어 단어를 빠르게 익히는 방법
저자 상담심리실무연구회 / 19,500

9010 업무용 일본어 듣기의 효율성을 높이는 법: 해외파견공무원용
저자 공무원실무연구회 / 19,500

9011 관세사들이 스페인어 단어를 쉽고 빠르게 외우는 법
저자 관세사실무연구회 / 19,500

9012 스페인어 리스닝을 쉽게 하는 법: 해외파견금융기관직원을 위한 책
저자 금융실무연구회 / 19,500

9013 관사세가 알면 좋을 프랑스어 단어를 효율적으로 외우는 법
저자 관세사실무연구회 / 19,500

9014 법조인이 알면 좋을 스페인어 단어를 빠르게 익히는 법
저자 법조인실무연구회 / 19,500

9015 법조인이 알면 좋을 스페인어 단어를 빠르게 익히는 법
저자 법조인실무연구회 / 19,500

9016 미용 뷰티업계에서 알면 좋을 이탈리아어 단어 빠르게 외우는 법
저자 뷰티실무연구회 / 19,500

9017 간호대학생과 간호사 의학용어시험 만점! 심장순환계통단어 암기법
저자 의학수험연구회 / 19,500

9018 항공공항업계에서 알면 좋을 스페인어 단어 스피드 암기법
저자 항공공항실무연구회 / 19,500

9019 약사와 약대생을 위한 의학용어 만점암기법_ 심장순환계와 근육계
저자 의학수험연구회 / 19,500

9020 한의사와 한의대생을 위한 양의학용어 암기법_ 호흡기와 감각기
저자 의학수험연구회 / 19,500

9021 의료변호사를 위한 의학용어 암기법_ 소화기와 비뇨기
저자 의학수험연구회 / 19,500

9022 건강보험공단 직원과 취준생을 위한 의학용어 암기법_ 감각기와 호흡기
저자 의학수험연구회 / 19,500

9023 간호사 국가고시 합격기간 단축하기_ 1교시 성인간호, 모성간호
저자 의학수험연구회 / 19,500

9024 건강보험공단 직원과 취준생을 위한 의학용어 암기법_ 감각기와 호흡기
저자 의학수험연구회 / 19,500

9025 수의사와 수의대생을 위한 의학용어 암기법_ 근골계와 심장순환계
저자 의학수험연구회 / 19,500

9026 식품위생직, 식품기사 시험을 위한 식품미생물 점수 쉽게 따기
저자 식품위생연구회 / 19,500

9027 영양사 시험 스피드 합격비법_ 1교시 영양학, 생화학, 생리학 중심
저자 영양사시험연구회 / 19,500

9028 영양사 시험 스피드 합격비법_ 2교시 식품학, 식품위생 중심
저자 영양사시험연구회 / 19,500

9029 6급 기관사 해기사 자격 시험 스피드 합격비법
저자 해기사시험연구회 / 19,500

9030 재배학개론 농업직 공무원시험 스피드 합격비법
저자 공무원시험연구회 / 19,500

9031 식용작물학 농업직 공무원시험 스피드 합격비법
저자 공무원시험연구회 / 19,500

9032 수능 지구과학1 입체적 이해로 만점 받기
저자 수능시험연구회 / 19,500

9033 건축구조 건축직 공무원 시험 교과서 술술 읽히게 하는 책
저자 공무원시험연구회 / 19,500

9034 위생관계법규 조문과 오엑스 조리직 공무원시험
저자 공무원시험연구회 / 19,500

9035 자동차구조원리 운전직 공무원 시험 교과서 술술 읽히게 하는 책
저자 공무원시험연구회 / 19,500

9036 수의사와 수의대생을 위한 의학용어_ 암기법 소화기와 비뇨기
저자 의학수험연구회 / 19,500

9037 도로교통사고 감정사 1차 시험 교과서 술술 읽히게 하는 책
저자 자격증수험연구회 / 19,500

9038 위험물산업기사 필기시험 교과서 술술 읽히고 암기되게 하는 책
저자 자격증수험연구회 / 19,500

9039 소방관계법규 조문과 오엑스 소방직 공무원시험
저자 공무원시험연구회 / 19,500

9040 양장기능사 필기시험 교과서 술술 읽히고 암기되게 하는 책
저자 자격증수험연구회 / 19,500

9041 섬유공학 패션의류 전공자가 섬유가공학 술술 읽고 학점도 잘 받게 해주는 책
저자 섬유공학패션연구회 / 19,500

9042 의류복식사 술술 읽고 학점 잘 받게 해주는 섬유공학 패션의류 전공자를 위한 책
저자 섬유공학패션연구회 / 19,500

9043 반도체장비유지보수 기능사 필기 교과서 술술 읽히고 암기되게 하는 책
저자 자격증수험연구회 / 19,500

9044 4급 항해사 해기사 자격 수험서 술술 읽히고 암기되게 하는 책
저자 자격증수험연구회 / 19,500

9045 접착 계면산업 관련 논문 특허자료 술술 읽히고 암기되게 하는 책
저자 접착계면산업연구회 / 19,500

9046 재수삼수 생활로 점수 올려 대입 성공한 이야기
저자 오답노트컨설팅클럽 / 19,500

9047 치위생사 국가시험 수험서 술술 읽히고 암기되게 하는 책
저자 자격증수험연구회 / 19,500

9048 치위생사 국가시험 수험서 술술 읽히고 암기되게 하는 책_ 2교시 임상치위생처치 등
저자 자격증수험연구회 / 19,500

9049 가스산업기사 필기시험 수험서 술술 읽히고 암기되게 하는 책
저자 자격증수험연구회 / 19,500

9050 응급구조사 1,2급 시험 수험서 술술 읽히고 암기되게 하는 책
저자 자격증수험연구회 / 19,500

9051 떡제조기능사 시험 수험서 술술 읽히고 암기되게 하는 책
저자 자격증수험연구회 / 19,500

9052 임상병리사 시험 수험서 술술 읽히고 암기되게 하는 책
저자 자격증수험연구회 / 19,500

9053 의료관계법규 4대법 조문과 오엑스 뽀개기 의료기술직 공무원시험
저자 공무원시험연구회 / 19,500

9054 간호학 전공자가 간호미생물학 술술 읽고 학점도 잘 받게 해주는 책
저자 간호학연구회 / 19,500

9055 간호사 국가고시 합격기간 단축하기_ 2교시 아동간호, 정신간호 등
저자 의학수험연구회 / 19,500

9056 도로교통법규 조문과 오엑스 뽀개기 운전직 공무원시험
저자 공무원시험연구회 / 19,500

9057 전기공학부생들이 시험 잘 보고 학점 잘 따는 법
저자 기술튜터토니 / 19,500

9058 간호대학생들이 약리학을 쉽게 습득하는 학습법
저자 간호학연구회 / 19,500

9059 의치대를 목표하는 초등생자녀 이렇게 책 읽고 시험 보게 하라
저자 의치대보낸부모들 / 19,500

9060 지적관계법규 조문과 오엑스 뽀개기 지적직 공무원시험
저자 공무원시험연구회 / 19,500

9061 방송통신대 법학과 학생이 학점 잘 받게 공부하는 법
저자 법학수험연구회 / 19,500

9062 공인중개사 1차 시험 쉽게 합격하는 학습법
저자 법학수험연구회 / 19,500

9063 기술직 공무원 시험 쉽게 합격하는 학습법
저자 공무원시험연구회 / 19,500

9064 독학사 간호과정 공부 쉽게 마스터하기
저자 간호학연구회 / 19,500

9065 주택관리사 시험 빠르게 붙는 방법과 노하우
저자 자격증수험연구회 / 19,500

9066 비로스쿨 법학과 대학생들을 위한 공부 방법론
저자 법학수험연구회 / 19,500

9067 기술지도사 필기시험 빠르고 쉽게 합격하는 학습법
저자 자격증수험연구회 / 19,500

9068 감정평가사 시험 스트레스 낮추고 빠르게 최종 합격하는 길
저자 자격증수험연구회 / 19,500

9069 의무기록사 시험 합격을 위한 의학용어 암기법_ 순환계와 근골계
저자 의학수험연구회 / 19,500

9070 의무기록사 시험 합격을 위한 의학용어 암기법_ 소화기와 비뇨기
저자 의학수험연구회 / 19,500

9071 감정평가사 2차 합격을 위한 서브노트의 필요성 논의와 공부법
저자 자격증수험연구회 / 19,500

9072 감정평가사 민법총칙 최단시간 공부법과 문제풀이법
저자 자격증수험연구회 / 19,500

9073 게임 IT업계 직원이 영어를 빠르게 듣고 말할 수 있는 방법
저자 최단시간영어연구회 / 19,500

9074 IT 게임업계 직원이 효율적으로 빠르게 일본어를 습득하는 법
저자 최단시간일본어연구회 / 19,500

9075 게임회사 IT업계 직원이 프랑스어 단어를 빨리 익히는 법
저자 최단시간프랑스어연구회 / 19,500

9076 경영지도사가 빠르고 효율적으로 중국어를 배우는 법
저자 최단시간중국어연구회 / 19,500

9077 유튜버가 일본어 청취를 빠르게 익히는 방법
저자 최단시간일본어연구회 / 19,500

9078 법조인들이 알면 좋을 프랑스어 단어를 빠르게 익히는 법
저자 최단시간프랑스어연구회 / 19,500

9079 경영지도사에게 필요한 스페인어 단어 빠르게 익히기
저자 최단시간스페인어연구회 / 19,500

9080 일본어 JLPT N4, N5 최단시간에 합격하는 법
저자 최단시간일본어연구회 / 19,500

9081 관세사에게 필요한 이탈리아어 단어 빠르게 익히기
저자 최단시간외국어연구회 / 19,500

9082 일본 관련 사업을 하는 중개사를 위한 효율적인 일본어 듣기법
저자 최단시간외국어연구회 / 19,500

9083 일본 취업 준비생을 위한 일본어 리스닝과 단어 실력 빠르게 올리는 방법
저자 최단시간외국어연구회 / 19,500

9084 관세사에게 필요한 중국어 빠르게 습득하는 법
저자 최단시간외국어연구회 / 19,500

9085 누적과 예측을 통한 영어 말하기와 듣기 해답_ 해외진출자를 위한 책
저자 최단시간외국어연구회 / 19,500

9086 스페인어를 공부해야 하는 대학생들이 빠르게 단어를 숙지하는 법
저자 최단시간외국어연구회 / 19,500

9087 취업 준비 대학생은 인생 자격증으로 공인중개사 시험에 도전하라
저자 자격증수험연구회 / 19,500

9088 고경력 은퇴자에게 공인중개사 시험을 강력 추천하는 이유와 방법론
저자 자격증수험연구회 / 19,500

9089 효율적인 4개 국어 학습법과 외국어 실력 올리는 방법
저자 최단시간외국어연구회 / 19,500

9090 여성들의 미래대안 공인중개사 시험 도전에 필요한 공부 가이드
저자 자격증수험연구회 / 19,500

9091 해외파견근무직원들이 이탈리아어 단어 빠르게 익히는 방법
저자 최단시간외국어연구회 / 19,500

9092 영어 귀가 뻥 뚫리는 리스닝 훈련법
저자 최단시간외국어연구회 / 19,500

9093 열성아빠를 위한 민사고 졸업생의 생활팁과 우수 공부비법
저자 교육연구회 / 19,500

9094 유초등 아이 키우는 열정할머니를 위한 민사고 생활팁과 공부가이드
저자 교육연구회 / 19,500

9095 심리상담사가 일본어를 쉽게 배울 수 있는 노하우와 팁
저자 최단시간외국어연구회 / 19,500

9096 법조인을 위한 들리는 소리에 집중하는 외국어 리스닝과 단어 훈련법
저자 최단시간외국어연구회 / 19,500

9097 관세사를 위한 문법 상관없이 받아 듣고 적는 외국어 학습법
저자 최단시간외국어연구회 / 19,500

9098 민사고에 진학할 똑똑한 중학생을 위한 민사고 공부팁과 인생 이야기
저자 교육연구회 / 19,500

9099 해외파견근무직원들을 위한 프랑스어 단어 쉽게 배우기
저자 최단시간외국어연구회 / 19,500

9100 해외파견근무직원들이 일본어를 쉽고 빠르게 공부하는 방법
저자 최단시간외국어연구회 / 19,500

9101 대학생들이 이탈리아어 단어 쉽고 빠르게 익히는 법
저자 최단시간외국어연구회 / 19,500

9102 뷰티 화장품 업계에서 알면 좋을 스페인어 단어 쉽게 익히기
저자 최단시간외국어연구회 / 19,500

9103 민사고 진학에 갈등을 느끼는 딸바보 아빠를 위한 인생 조언과 공부법
저자 교육연구회 / 19,500

9104 유튜버를 위한 영어 리스닝과 스피킹 실력 빠르게 올리는 법
저자 최단시간외국어연구회 / 19,500

9105 해외파견직들을 위한 문법 없이 어학 공부하는 방법
저자 최단시간외국어연구회 / 19,500

9106 변리사가 프랑스어 단어를 쉽고 빠르게 배우는 법
저자 최단시간외국어연구회 / 19,500

9107 법조인이 알면 좋을 중국어 스피드 습득법
저자 최단시간외국어연구회 / 19,500

9108 임용고시 합격하려면 고시 노장처럼 공부하지 마라
저자 임용고시연구회 / 19,500

9109 임용고시 합격을 위한 조언_ 공부로 생긴 스트레스 공부로 풀어라
저자 임용고시연구회 / 19,500

9110 가맹거래사 시험 법학에 자신이 없는 사람들이 꼭 봐야 할 합격법
저자 자격증수험연구회 / 19,500

9111 가맹거래사 책이 쉽게 이해되지 않는 사람들을 위한 수험전략 가이드
저자 자격증수험연구회 / 19,500

9112 항공 및 공항 업계에서 알면 좋을 이탈리아어 단어 효율 암기법
저자 최단시간외국어연구회 / 19,500

9113 은퇴자를 위한 외국인과 만나는 게 즐거운 영어 리스닝 방법
저자 최단시간외국어연구회 / 19,500

9114 항공과 공항업계인을 위한 일본어 듣기와 단어 청크 단위 학습법
저자 최단시간외국어연구회 / 19,500

9115 유튜버가 프랑스어 단어에 쉽게 접근하고 익히는 법
저자 최단시간외국어연구회 / 19,500

9116 대학생이 필요한 스페인어 청취를 빠르게 습득하는 법
저자 최단시간외국어연구회 / 19,500

9117 해외파견직들을 위한 스페인어 단어 스피드 학습법
저자 최단시간외국어연구회 / 19,500

9118 관세사를 위한 직청직해 소리단어장 다국어 훈련법
저자 최단시간외국어연구회 / 19,500

9119 경비지도사 처음 도전하는 사람들이 꼭 알아야 할 시험 접근법
저자 자격증수험연구회 / 19,500

9120 유튜버가 이탈리아어 단어 효율적으로 익히는 방법
저자 최단시간외국어연구회 / 19,500

9121 관세사가 빠르고 쉽게 일본어 실력 올리는 법
저자 최단시간외국어연구회 / 19,500

9122 영어가 부족한 법조인을 위한 리스닝과 스피킹 효율 학습법
저자 최단시간외국어연구회 / 19,500

9123 미용 뷰티업계에서 알면 좋을 일본어 쉽게 접근하는 법
저자 최단시간외국어연구회 / 19,500

9124 대학생을 위한 외국어 공부법_ 문법은 버리고 소리에 집중하자
저자 최단시간외국어연구회 / 19,500

9125 심리상담사가 스페인어 단어를 효율적으로 배우는 방법
저자 최단시간외국어연구회 / 19,500

9126 대학생을 위한 다양한 외국어 쉽게 접근하게 해주는 가이드
저자 최단시간외국어연구회 / 19,500